이강숙 산문집

술과 아내 그리고 예술

창작과비평사

술과 아내 그리고 예술

초판 발행/2001년 1월 30일

지은이/이강숙
펴낸이/고세현
편집/김성은 염종선 신미희
펴낸곳/(주)창작과비평사
등록/1986년 8월 5일 제10-145호
주소/서울 마포구 용강동 50-1 우편번호 121-875
전화/영업 718-0541, 0542 · 편집 718-0543, 0544
　　　독자사업 716-7876, 7877 · 기획 703-3843
팩시밀리/영업 713-2403 · 편집 703-9806
천리안 · 하이텔 · 나우누리 ID/Changbi
홈페이지/www.changbi.com
전자우편/changbi@changbi.com
지로번호/3002568

ⓒ 이강숙 2001
ISBN 89-364-7062-0 03810

* 이 책 내용의 전부 또는 일부를 재사용하려면 반드시
  저작권자와 창작과비평사 양측의 동의를 받아야 합니다.
* 책값은 뒤표지에 표시되어 있습니다.

책머리에

    닮게 그리는 것이 그림이라면 나는 그림과는 인연이 없는 사람이다. 손을 그리려고 할 때 발을 그릴 정도는 아니지만, 어린이의 얼굴을 그리려고 할 때 어른의 얼굴이 되어버리는 경우가 많다. 그러니까 나는 닮게 그리는 일에는 아예 소질이 없는 사람이다. 닮게 그리는 소질이 없다면 닮게 그리고 싶은 욕망이 없어야 한다. 그런데 나는 그리는 일을 남의 일로 생각할 수가 없다. 그리지 않고서는 살 수가 없다. 나에게 있는 이 어쩔 수 없는, 그리고 싶은 욕망이 문제다. 남이 이 욕망을 두고 뭐라고 하던 상관이 없다. 남은 나의 욕망을 다스릴 수 없다.
    인간이면 예외없이 누구에게나 마음 안에 어떤 생각이나 느낌이 떠오를 때가 있다. 나의 경우도 예외가 아니다. 쉬지 않고 여러 가지의 생각과 느낌이 내 마음 안에서 떠돈다. 이 생각과 느낌을 나는 말로 그려보고 싶다. 선과 색깔로 그리는 것은 불가능하지만 말로 그리는 것은 할 수 있다고 생각했다. 이것이 나의 문제다. 이것이 나에게 슬픔과 괴로움을 주고 때로는 기쁨과 즐거움을 준다. 그동안 말로 내 마음의 사정을 무척이나 많이 그리려고 했다. 그런데 그리는 일을 그동안 수없이 반복했음에도 불구하고 나는 아직도 내 마음 안에 있는 것이 내 마음 밖에서, 말로 내가 의도한 대로 닮게 그려지고 있는지 어쩐지 모른다. 그래서 이 책을 만들려고 여기저기에 쓴 글을 모으는 일을 하는 것이 참으로 부끄럽다. 그려진 결과가 잘못 되어도 문제고, 설사 잘 그려졌다고 하더라도 그릴 가치가 없는 것이 그려져 있다면 그것도 문제다. 잘 그리지 못한 것이 부끄럽고 그릴 가치가 없는 것을 그린 것이 부끄러우면 책으로 묶지 않으면 될 일이다. 그런데 나는 되지도 않은 글을 두고 '잘된 글·그림'으로 착각을 하면서 책으로 묶고 있다. 이 사실 또한 부끄럽다.

  이런 부끄러움에도 불구하고, 단 한가지의 자랑스러움 때문에 나는 책 묶는 일에 동참했음을 고백하지 않을 수 없다. 창작과비평사에서 나의 산문집이 출판된다는 것은 나에게 참으로 자랑스러운 일이라는 생각이 들었던 것이다. 이 자랑스러움이 나의 부끄러움을 삼켜버리지 않았다면 나에게 어찌 '에라! 모르겠다, 한번 묶어보자'라는 생각이 들었겠는가. 창작과비평사에 누가 되지 않았으면 좋겠다는 것이 지금 나에게 있는 유일한 희망이다.

2001년 새해 아침에
이 강 숙

차례

4 책머리에

제1부 불가사의한 존재들

11 최초의 데뷔
17 술과 아내
23 불가사의한 존재들
32 인간의 흔적들
36 따로, 같이
40 존 케이지에 대한 기억
45 고상한 사람—어느 병실에서
49 마음의 완전한 평화
54 명동, 음악과 문학, 그리고 술
57 베토벤의 '하일리겐슈타트 유서'
60 새로운 학교
66 예술을 위한, 학생을 위한, 사회를 위한 교육
70 국정감사와 국회의원

제2부 음악이 인간 앞에 있는 까닭

77 아! 부닌
79 음악이 인간 앞에 있는 까닭
82 월광곡 이야기
90 세계 음악 지도와 우리의 음악

94   쇼팽
96   무엇으로 음악을 해야 하나
101 내가 읽은 음악책들
106 차이꼬프스끼와 핑 도는 눈물
108 '소리 셋'의 이야기
111 기예 이론과 나쁜 미학
114 저절로 생기는 음악과 만들어야 생기는 음악
117 한국적 공연관습
119 평시조, 편락, 그리고 춘향가를 기리며
124 브람스의 음악관

제3부 몸과 마음

133 일상성과 비일상성의 가치
137 교수라는 칭호
140 문화, 밥이냐 맛이냐
143 근로자 교향악단
145 몸과 마음
149 플라톤 공부
153 '감사'와 더불어
157 원하는 것을 얻을 수 있는 열쇠에 대하여
165 프라하의 묘지에서
168 목적 세우기 연습

171 입학식 식사
174 정청과 오청
176 어느 음악잡지의 창간을 축하하며

제4부 양심의 소리

181 지나친 세일광고
183 좁은 문에서 구원을 얻는 21세기를 그리며
188 말의 반환
190 울음들의 화학작용
193 좁은 문
195 어물거리는 삶
197 견딤의 의미
199 신문 불감증
201 양심의 소리
205 양심적인 작곡가
210 양심적인 연주가
214 양심적인 교육가
219 양심적인 비평가

제1부

불가사의한 존재들

최초의 데뷔

　초등학교 4학년 때의 일이다. 하루는 담임선생님이 결근을 하셨다. 결근한 담임선생님 대신에 다른 선생님이 교실에 들어오셨다. 예쁜 여선생님이었다. 「마음의 행로」라는 영화의 여주인공이었던, 내가 좋아했던 그리어 가슨과 닮은 것으로 기억되는 아름다운 여선생님이었다. 음악을 좋아한 그 여선생님은 교실 구석에 놓여 있는 풍금 앞으로 걸어가셨다. 나는 아주 어렸을 때부터 음악을 좋아했다. 풍금 앞으로 다가서고 있는 그 여선생님을 나는 조심스럽게 바라보고 있었다. 풍금 앞에 다다른 그 여선생님은 "이 반에서 노래 잘하는 학생이 누구니?"라고 물으셨다. 우리 반 학생들은 어리둥절해했다. 선생님의 갑작스러운 질문에 당황했던 모양이다. 담임선생님 대신에 들어온 그 여선생님은 자습 대신에 음악시간을 진행하겠다는 말씀을 하신 후 다시 "이 반에서 노래 잘하는 학생이 누구니?"라고 물으셨다. 아이들은 일제히 '김병처어

얼'이라고 외쳤다. 김병철이라는 학생이 우리 반에서 노래 잘하는 아이로 통하고 있었기 때문이다. 나는 김병철을 대단하게 생각하지 않았다. 그러나 우리 반 아이들은 어떻게 된 영문인지 김병철을 노래 잘하는 아이로 생각하고 있었다. 그 여선생님은 김병철에게 노래를 시켰다. 아이들은 박수를 쳤다. 김병철의 노래에 대한 선생님의 반응이 나는 궁금했다. 김병철의 노래를 끝까지 들은 선생님의 얼굴 표정은 그다지 밝지 않았다. "또 다른 학생 없니?"라고 선생님은 물으셨다. 나에겐 이 물음이 '이 반에 노래 잘하는 학생이 이렇게도 없니'라는 뜻으로 해석되었다. 아이들은 일제히 '조순하아악'이라고 외치기 시작했다. 조순학이 김병철 다음으로 노래 잘하는 아이로 알려졌기 때문이다. 선생님은 조순학에게도 노래를 시키셨다. 선생님은 여전히 불만이 섞인 표정을 지으셨다. 나는 속으로 기뻤다. 내가 노래를 더 잘 부르는 학생이 될 수 있다는 생각에서였다. 물론 어느 누구도 나에게 노래를 시킬 생각은 하지 않았다. 그렇다고 해서 내가 자청을 할 수도 없었다. 막상 누가 나에게 노래를 부르라고 해도 겁이 날 것이 뻔했다. 나는 나 혼자만 아는 음악세계 안에서 마음을 졸이고 있었다.

　선생님은 출석부를 뒤지기 시작했다. 출석부를 보면서 아무 이름이나 찾아서 노래를 시키실 작정인 모양이었다. 가슴이 뛰기 시작했다. 혹시 내 이름이 불리어지지나 않을까 싶어서였다. 출석부를 뒤지던 선생님이 갑자기 "이 반 반장 일어서"라고 하셨다. 반장은 '차웅달'이라는 학생이었다. 체격도 좋고 공부도 잘하는 학생이었다. 선생님은 반장에게 노래를 시키셨다. 다른 것은 몰라도 차웅달에게 있어서 노래는 정말 말이 아니었다. 음정이나 박자 같은 것은 처음부터 기대할 수가 없었다. 시작된 노래가 끝나기도 전에 차웅달은 자기 자리에 앉고 말았다.

"부반장 일어서"라는 선생님의 말씀이 떨어졌다. 이것은 나에게 청천벽력 같은 소리였다. 내가 부반장이었기 때문이다. 나의 가슴은 고동치기 시작했다. '드디어 기회가 왔구나'라는 생각보다 너무나 갑작스러운 일이라서 참으로 어쩔 줄을 몰랐다. 모든 것이 순간적으로 일어난 일이었지만, 결국 노래를 불렀다. 이 노래가 나의 인생을 음악인으로 이끌게 한 결정적 계기가 될 줄 그때는 몰랐다. 우리 반 아이들은 말할 필요도 없고 선생님까지 합해서 말 그대로 우레와 같은 박수를 치기 시작했다. 성량도 크고 음질도 좋고 음정이나 박자 같은 것이 정확했기 때문에 모두가 감탄을 한 것이다. 나의 '최초의 데뷔'는 이렇게 이루어졌다. 이 최초의 데뷔 이후부터 나는 우리 학교 전체에 알려지기 시작했다. 우리 반을 대표했을 뿐만 아니라 우리 학교를 대표하는 노래꾼이 되기에 이르렀다. 중고등학교 시절에도 나는 줄곧 노래 잘 부르는 학생으로 통했다.

고등학교 2학년 때에 일어났던 일을 나는 잊지 못한다. 시골학생이었던 내가 서울에서 치러진 전국 성악 꽁꾸르에 참가한 것이다. 꽁꾸르가 치러진 장소는 배재고등학교 강당이었던 것으로 기억된다. 나는 꽁꾸르의 본선에서 슈베르트의 「홍수」를 불렀다. 결과는 성악부 특상이었다. 지금은 타계하신, 그 당시 서울대 음대 성악과 교수이던 이관옥 선생께서 나의 노래를 끝없이 칭찬해주셨다. 그 다음해에 일어났던 일도 나는 잊지 못하고 있다. 그러니까 고3 때의 일이었다. 그 당시에는 동아 혹은 중앙 꽁꾸르 같은 것은 없었다. 가장 권위 있던 꽁꾸르는 서울대 음대가 주최하는 이른바 '음대 꽁꾸르'였다. 슈베르트의 「마왕」을 불러 나는 2등으로 입상했다.

집안의 완강한 반대를 무릅쓰고 나는 결국 서울대 음대에 진학하게 된다. 인간으로 태어나서 음악가의 길에 들어설 바에는 작곡가가 되는 것이 가장 바람직하다고 생각한 나는 서울대 음대 작곡과에 진학하기로 결심한다. 요새 말로 레슨을 받을 선생도 없고, 레슨을 받을 경제적 여유도 없었다. 혼자 이런저런 공부를 한 후 결국 작곡과에 입학하게 된다. 백병동·강석희 등이 작곡과 동기생이다.

대학 1학년이 끝날 무렵이었다. 작곡가가 되려면 피아노를 잘 쳐야 한다는 생각을 했다. 베토벤이나 쇼팽도 그랬고, 라흐마니노프도 그랬다. 모두가 훌륭한 피아니스트였다. 어린 시절의 내 생각으로는 위대한 작곡가가 되는 조건으로 훌륭한 피아니스트가 되어야 한다는 것을 빠뜨릴 수가 없었다. 나는 결국 대학 2학년 때 피아노과로 전과를 한다. 전과시험에 합격한 후 우여곡절 끝에 김원복 선생님의 제자가 된다. 피아노과를 졸업한 후 피아노 독주회도 하게 되고 KBS 교향악단과 쇼팽 협주곡 제2번을 한국 초연을 하게 되기도 한다. 김원복 선생님의 배려로 서울대 음대 피아노 강사 생활을 하기 시작한 것이 30여년 전의 일이다.

나는 음악병에만 걸린 것이 아니었다. 문학병에도 걸렸었다. 대학 다닐 때 폐결핵을 앓아 2년간 휴학을 하게 되는데 그 기간 동안 나는 문학병을 앓았다. 작곡가나 피아니스트보다 시인이나 소설가가 되는 꿈을 꾸기 시작했다. 날이면 날마다 원고지와 씨름하고 있는 나를 본 친구들은 "콩나물 대가리나 두드릴 것이지, 왜 팔자에도 없는 원고지와 씨름하느냐"라는 식으로 나를 비꼬기도 했다. 그러나 나는 음악도 좋지만 문학도 좋았다. 친구들이 비꼬면 비꼴수록 문학병은 더 심해졌다. 음악이 우리에게 가져다주지 못하는, 말로 표현할 수 없는 심오한 가치를 문학이 나에게 가져다주었다. 문학이 중매쟁이가 되어 지금의 아내와 결혼도 하게 된다. 『동회 가는 길』이라는 시집을 민음사에서 출간한 아내(문희자)가 나의 첫 문학선생이었다.

문학지에 시나 소설을 여러번 투고했으나 한번도 성공한 일이 없다. 투고와 관련된 여러가지 에피소드들은 나를 기쁘게도 만들고 슬프게도 만든다. 끝내 성공하지 못한 나의 문학수업은 나에게 '음악에 관한 글쓸'의 인생으로 인도하게 된다. 참으로 우연한 기회에 한국일보에 음악평을 쓸 기회를 약 30여년 전에 얻은 인연으로 나는 그 당시에 한국일보 음악평 고정 필자가 된다. 이것이 내가 음악평론으로 입신하게 된 계기이다.

나는 평론의 뿌리를 찾고 싶어서 미국으로 유학을 떠난다. 피아노가 싫어서가 아니라 평론의 뿌리를 찾기 위해서 음악문헌학 음악학 음악역사학 음악교육학 음악미학 등, 여러 분야에 심취하고 그 방면에 관한 책을 읽었다. 나는 결국 음악문헌학 석사와 음악교육학 박사학위를 취득한 후, 미국 버지니아 커먼웰스 대학에서

최초의 데뷔 15

조교수 생활을 하게 된다. 그러나 오랜 시간 외국생활을 하면서 나는 조국에 대한 그리움을 견디지 못하게 되었다. 그러던 중 모교인 서울대 음대의 부름을 받고 77년, 꿈에도 그리던 귀국을 하게 된다. 귀국 후 오늘날까지 나는 후학을 위한 일 이외에도 많은 글을 써왔다. 『열린 음악의 세계』 『음악의 이해』 『한국음악학』 등 여러 권의 책을 내기도 했고, 『낭만음악』이라는 음악학 학술 계간지를 발행하고 있기도 하다. 이 땅에 음악학의 뿌리를 내리게 하고 싶었던 것이다.

음악을 '하는 것'도 중요하지만 '아는 것'도 중요하다는 주장을 펼쳐왔다. 그러던 와중에 뜻밖에 한국예술종합학교의 일을 맡게 되었다. 음악을 '하고(行)' 또 '아는(知)' 일과 그것과 상관되는 글을 쓰는 일, 그리고 이러한 모든 일의 집행을 위한 행정 등의 일을 해야 했다. 이런 일을 해야 할 앞으로의 내 삶이 어떻게 전개될지 나 스스로 궁금하기도 했다. 내가 하는 모든 일을 나는 '행위 평론'이라는 개념으로 묶고 싶다. 쓰는 평론만이 아니라 행위로 하는 평론도 있을 수 있지 않을까 싶은 생각에서다. 어제도 그렇고 오늘도 그렇다. 나는 '행위 평론'을 지치지 않고 계속할 것이다.

술과 아내

나는 술을 좋아한다. 아내는 내가 술을 마시는 것을 싫어한다. 그냥 싫어하는 것이 아니라 죽도록 싫어한다.

아내에게 큰소리를 치면서 살던 시절이 나에게 있었다. 요즈음의 나는 사람이 좀스러워졌다. 아내가 싫어하는 짓은 하려고 하지 않는 나를 보면 그것을 알 수 있다. 여러가지 일로 아내에게 마음고생을 시켰던 사람이 바로 나다. 되도록이면 아내가 싫어하는 짓은 하지 않으려고 해도 술의 경우는 어렵다. 마음같이 되지 않는다.

아내의 눈치를 보아야 술을 마실 수 있다는 것이 때로는 불편하다. 이 불편함을 달래느라고 어떤 때에는 술을 더 마신다. 그러면서도 마음속에서 영 떠나지 않는 생각이 있다. '역시, 술은 좋지 않다, 마시지 말자, 마시더라도 심하게는 마시지 말자'라는 생각이 그것이다. 이 생각이 반드시 아내 때문에 생긴 것만은 아니다.

술을 많이 마신 다음날 고생하게 될 때에 나는 "술을 이렇게 심하게 다시 마시면 성을 바꾸겠다"라는 말을 자주 한다. 나이도 들고, 건강도 걱정이 되고, 생각하면 참 어지간히도 많이 술을 마셨다. 그래서 '마시더라도, 심하게는 마시지 말자'라는 생각을 한다. 이런 생각을 하게 되는 것도 역시 사람이 좀스러워진 증거다.

과거에는 소주를 주로 마셨지만, 우여곡절 끝에 요즈음은 청하 한병으로 정해놓고 있다. 특별한 일이 없으면, 정시에 퇴근해서, 저녁식사 시간에 청하 한병을 마신다. 한병을 마시면 취기도 돌고 잠자리에 들기 편한 상태가 된다. 잠자리에 드는 시간을 놓치면 잠을 쉽게 잘 수 없다. 잠을 쉽게 잘 수 없다는 것은 나에게 무서운 일이다. 그래서 나는 일찍 잠자리에 들려고 노력한다. '일찍 자고 일찍 일어나는 새나라의 어린이'라는 말이 있다. 술친구들이 비웃든 말든, 나는 새나라의 어린이가 되려고 한다. 나의 입장에서 보면 사람이 좀스러워진 것이고, 아내의 입장에서 보면 내가 이제 겨우 사람이 되어가는 것이다.

문제는 청하 한병으로 해결이 되지 않는 날에 생긴다. 잠자리에 들려고 하는 시점에 손님이 찾아온다든가, 내가 좋아하는 조훈현과 이창호 같은 바둑기사가 텔레비전에서 바둑을 둔다든가 하는 날이 문제다. 청하 한병을 언제 마셨는가 싶을 정도로 취기가 말끔히 가셔버린다. 한병을 더 마시면 되지 않는가라고 생각할 수 있다. 그러나 아내의 눈치를 본다는 것이 심리적으로 부담이 많이 된다.

어젯밤의 일이다. 다른 날과 마찬가지로, 정시에 퇴근해서 청하 한병을 마셨다. 잠자리에 들 모든 준비가 완료된 셈이다. 그런데 그날따라 우연히 아내와 이런저런 이야기를 나누게 되었다. 주로 삶과 예술에 대한 이야기였다. 오랜만의 이야기였고, 꽤 오래 지속된 이야기였다. 아내와 나는 삶과 예술에 대한 대화를 자주 나누면 좋겠다고 동시에 생각했다.

이야기가 끝날 무렵, 나는 아내에게 시장기가 돈다고 했다. 나는 시장기가 돌아서 한 말인데, 아내는 술 한잔 마시고 싶다는 말로 들은 것 같다. 아내의 눈치를 보지 않고, 술을 마시면 될 일이다. 그러나 위에서 말한 대로 아내가 싫어하는 일은 하기 싫은, 좀스러운 남자가 이미 되어버린 나이다. 시장기라는 말이 나온 후, 아내는 아내대로의 생각, 나는 나대로의 생각 때문에 잠시 침묵이 흘렀다. 나는 속으로 '포기하자'라고 말하고 있었다. 그런데 잠시 머뭇거리던 아내는 말없이 아래층으로 내려갔다. 밤이 좀 늦었지만 내가 좋아하는 비빔국수를 만들어서 2층으로 올라왔다. 나는 고마웠다. 그런데 밥상을 보는 순간 마음이 편치 않았다. 밥상에는 비빔국수와 물컵만이 얹혀 있었다. 비빔국수와 물컵을 본 순간, '시장기는 덜어준다, 그러나 술은 안된다'라고 아내가 나에게 말하는 것 같았다. 심하게 생각하면 '마시려면 당신 스스로 아래층으로 내려가서 마시든지, 아니면 당신 스스로 술을 2층으로 가지고 와서 마시든지 해라'라고 말하는 것 같았다.

오랜만에 삶과 예술에 대한 이야기를 나눈 끝인데, 내 기분을 이렇게 몰라주는가 싶었다. 삶과 예술 주변에는 술이 있어야 하는 것도 모르는가 싶었다. 기왕에 비빔국수를 만들어줄 바에야 청하 한병만이라도 가져다줄 것이지 싶었다. 아내의 입장은 달랐다. 오랜만에 삶과 예술에 대한 이야기를 나눈, 값있는 밤이 아닌가. 삶과 예술 주변에 왜 하필이면 술이 끼여들어야만 하는가. 맑은 정신으로 삶과 예술에 대한 이야기는 할 수 없는가. 건강을 생각해서라도 맑은 정신으로 잠자리에 들면 얼마나 좋겠는가라는 생각을 하는 것 같았다. 아내의 생각이 사실상 그러했는지, 알 길은 없다. 밥상을 차려준 아내는 말없이 자기 서재인 옆방으로 건너가버렸다. 내가 또 술을 마실까봐, 자리를 피하는 것이 분명했다. 결혼 초에는 내가 술을 마실 때 아내는 언제나 내 옆에 있었다. 그러나 오랜 세월이 흐른 지금에는 내가 술을 마시면, 아내는 자리를 피한다. 취기로 하는 말을 듣고 있는 것이 괴로운 모양이었다. 나는 나대로 아내가 나를 혼자 있게 해주는 것이 다행이라고 생각한다. 눈치를 보아야 할 사람이 옆에 없으니 오히려 편하다는 게 더 정확할지 모른다.

비빔국수와 물컵만이 있고, 아내가 없는 빈방에서 나는 궁리를 한다. 물 생각보다 술 생각을 하고 있는 내가 물컵에 손을 댈 이유는 없다. 아래층에 내려가서 청하 한병을 가져오고 싶다. 그런데 그것이 쉽지 않다. '밤 늦게 또 술을 마시는군, 참 한심한 사람!'이라는, 나를 비웃는 아내의 목소리가 들리는 듯했기 때문이다. 술을 마시더라도, 아내 몰래 한잔 마시는 방법이 있으면 좋겠다는 생각을 했다. 아래층으로 내려가는 경우에는 아내 몰래 마시는 일이 불가능하다. 아내는 내가 아래층으로 내려가면, 왜 내려가는지를 너무나 잘 안다. 아내의 눈치는 타의 추종을 불허한다. 그래서 생각해낸 것이 내 책상 속에 숨겨둔 양주병이었다. 조심스럽게 양주 몇잔을 아내 몰래 마시는 데에 성공했다. 나로서는 참으로 숨막히는 순간이었다. 혹시 아내가 눈치를 챌까 싶어, 조심조심 몇잔의 술을 마셨다. 아내 몰래 몇잔을 마시는 데 성공한 후, 비빔국수에 손을 댔다. 아주 맛있게 먹었다. 시장기는 가셨고, 술도 마실 만큼을 마셨다. 할 일을 모두 끝낸 셈이다. 할 일 모두를 마치고 나니 물 생각이 나서 물 한 모금을 마셨다. 그런데 이게 웬일인가. 물컵에 담겨 있는 액체는 물이 아니고, 청하가 아닌가. 청하의 색깔과 우리가 평소에 마시는 엽차의 색깔은 같다.

　이미 몇잔의 양주를 마신 후라, 나는 청하를 더이상 마시지 않았다. 과음 다음날의 고통이 나는 무섭다. 옆방으로 갔던 아내가 시간이 조금 흐른 뒤에 나의 형편을 살피려는 듯 내 방으로 왔다. 비빔국수 그릇은 비어 있는데, 청하는 그대로 남아 있는 것을 본 아내가, 놀라면서, "여보, 당신 오늘 웬일로 술을 마시지 않아요?"라고 했다. 나를 존경하는 듯한 눈으로 바라보았다. 나는 물론 양주를 마셨다는 말을 하지 않았다. 아내를 실망시키고 싶지 않았기 때문이다. "술을 절제하겠다고 내가 말하지 않았소, 그리고 내가 좋아하는 것을 갖다준 당신이 고마워서, 당신 좋아하는 짓을 내가 해야되지 않겠소"라는 말을 했다. 아내는 내 말을 참말로 들었다. 아내의 마음이 편안해 보였다. '이 사람이 정말 사람이 되어가려는 모양이다'라는 생각을 하는 것 같았다.

　이튿날, 판에 박은 듯이, 나는 정시에 출근했고, 또 정시에 퇴근했다. 그리고 퇴근 후, 또 판에 박은 듯이, 예정 코스대로 아내에게 이미 인정을 받고 있는 청하 한병을 마셨다. 이러면서 또 하루라는 세월을 보냈다.
　며칠 후, 숨어서 양주를 마셨다는 고백을 했다. 며칠이라는 시간의 공백이 인간의 감정을 순화시킨 모양이다. 한편으로는 그저 놀라는 표정이고, 다른 한편으로는 하는 수 없는 사람이라는 표정을 아내는 지었다. 그러면서 나는 술 그리고 아내와 더불어 또 하루라는 세월을 보냈다.

불가사의한 존재들

 나는 문학을 좋아한다. 시나 소설을 쓰고 싶으나 마음같이 되지 않는다. 여러번 시도를 해보았으나 내가 쓴 글은 시나 소설이 되지 않는다. 어떤 때에는 무척 괴롭다.
 주변에 시인과 소설가는 많다. 그중에는 별볼일 없는 시인과 소설가들도 있는 것 같다. 이걸 시라고 쓰고 있는가라는 생각이 들 때도 있다. 그러나 한가지 분명한 것은 나는 쓰고 싶은 사람일 뿐 쓰지는 못하는 사람이지만, 그들은 쓰는 사람이라는 사실이다. 그래서 시인이나 소설가들은 나에게 부러운 존재들이다. 신비로워 보이기도 하고 불가사의한 존재로도 보인다. 그들 앞에서 정신이 나갈 정도로 술을 마시고 싶어지고, 사실상 정신없이 술을 마신 적도 있었다.
 한가지 예만 들어보자. 황지우라는 시인을 처음 만난 것은 내가 서울대에 재직하고 있을 때다. 작곡과 사무실에 어떤 남자가 들어

와서 나의 동료 교수인 백병동을 찾았다. 작곡과 사무실 한 모퉁이에 앉아 있던 백병동이 자기를 찾아온 젊은 사람에게 "예, 제가 백병동인데요"라고 했다. 그 남자와 백병동이 얼마간 들릴락말락 한 목소리로 대화를 나누더니만, "아, 저어기, 저쪽 구석자리에 앉아 있는 이강숙이 있지요. 나보다 저 사람이 더 적격이에요"라고 했다. 이런저런 말이 오가다가 그 사람이 나를 향해서 걸어오더니만 "황지우입니다"라고 했다. 나는 가슴이 울렁했다. '아, 이 사람이 이름만 듣고 있던 황지우이구나' 싶었고, 그를 만난 것이 반가웠다. 그 당시 황지우는 『외국문학』이라는 계간지의 편집장으로 일하고 있었다. "모더니즘 특집을 꾸미려고 하는데, 음악 분야에서 논문 한 편을 부탁드립니다"라고 말했다. 나는 원고 청탁을 수락했고, 마침 점심 때인지라, 점심을 먹으러 가자고 했다. 황지우 시인은 나의 제의를 수락했고, 우리는 봉천동에 있는 어느 아귀탕 집으로 갔다. 일단 취해놓고 보자는 나의 버릇이 발동되었음은 말할 나위가 없다. 다행히 황지우 시인도 술을 잘하는 사람이었다. 우리는 각각 소주 두 병씩을 마셨다. 안주는 별로 먹지 않고, 소주만 마셨다. 나는 물론이고 황지우 시인도 취했다. 취하지 않은 상태보다 취한 상태의 황지우가 더 좋았다. 그날 이후, 오늘에 이르기까지 황지우 시인과 가깝게 지낼 수 있는 행운을 누리고 있다.

문학을 좋아하기 시작할 무렵에 나는 세 종류의 문학지를 알고 있었다. 지금 이 글을 쓰고 있는 『현대문학』이 그 하나요, 지금은 없어진 『자유문학』과 『사상계』가 그 다른 둘이었다. 『현대문학』과

『자유문학』에 몇번씩 투고를 한 적이 있지만 그때마다 잡지사에선 아무런 소식이 없었다. 나는 절망감에 빠지곤 했었다.

문학지에 글이 실리는 것은 나에게 하나의 꿈이었다. 지금 내가 『현대문학』에 글을 쓴다는 것은 내가 생각해도 믿기지 않는, 참으로 놀라운 일이다. 나 같은 시시한 사람이 꿈 같은 『현대문학』에 글을 쓸 수 있다니 참으로 놀랄 일이 아닌가. 다만 시나 소설을 쓰지 못하고, 되지도 않는 문학 실패담 같은 것을 쓰고 있다는 것이 한심스럽기는 하지만 말이다.

자존심 같은 것은 모두 접어두고 몇차례씩이나 투고를 했음에도 불구하고 아무런 소식이 없었던 『현대문학』과 『자유문학』은 포기의 대상이 되고 말았다. 나를 알아주는 잡지를 다시 찾아나서야 한다는 생각에서 이번엔 『사상계』를 택했다.

신인으로 데뷔하는 길을 『사상계』가 마련하고 있었고, 나는 『사상계』에 「방황의 시간」이라는 소설을 투고했다. 나로서는 최선을 다해서 소설을 썼고, '방황의 시간'이라는 제목도 마음에 들었다. 그런데 결과는 또 낙선이었다. 그때 「퇴원」이라는 소설로 데뷔한 사람이 이청준인 것으로 기억된다. 이청준의 데뷔 소설이 「퇴원」인지 어떤지는 확실치 않지만, 내 기억으로는 「퇴원」이 틀림없다. 낙선을 한 나는 내 소설의 질을 탓하기보다 심사위원의 질을 탓했다.

가까운 친구들은 "왜, 팔자에도 없는 글은 쓴다고 야단이야. 바보짓은 이제 그만 하고, 너는 콩나물 대가리나 두들겨야지"라고 했다. 피아노를 치는 나니까 콩나물 대가리나 두들기라는 것이다.

친구들의 말을 듣고 정말 울화가 치밀었지만, 나는 결국 문학을 포기하고 말았다.

전공인 음악으로 내가 드디어 되돌아간 것이다. 두 번의 피아노 독주회를 개최했고, KBS 교향악단과 쇼팽 피아노 협주곡 2번 F단조를 한국 초연하기도 했다. 그러다가 그 당시의 유행에 따라 미국 유학 길에 올랐다.「방황의 시간」을 잊어버리려는 생각을 갖고 유학의 길에 올랐기 때문에 내 소설의 초고를 어디에 팽개쳐버렸는지 기억이 나지 않는다. 그러나 유학생활중에서도 줄곧 막연하게나마 기회가 생길 때마다 나는 내 소설에 대해서 생각했다. 참 잘 쓴 소설이었다라고 믿고 싶었고, 또 실제로 그렇게 믿고 살았다. 이 믿음은 불치의 문학병에 걸린 나에게 좋은 치료제가 되었다.

미국에서도 나는 세상에 시시한 사람들이 많다는 생각을 하면서 살았다. 나 역시 시시한 사람임은 말할 것도 없다. 그러나 나보다 더 시시한 사람들이 많다고 생각하면서 살았다. 나보다 더 시시한 사람들이 나를 시시하게 볼 때가 있다. 이런 때에, 나는 속으로 상스러운 말을 한다. '이 새끼들, 나보다 더 시시한 놈들이 나를 시시하게 봐'라고. 그리고 때로 꿈에서는 술에 취해 나를 시시하게 보는 사람들을 기고만장하게 호통을 친다. 생시에 그들을 호통칠 정도로 내 얼굴은 두껍지 않았다. 꿈 아니면 술에 나는 자주 의존한다. 경우에 따라서는 꿈과 술 모두에 의존한다. 비록 당선은 되지 않았지만, 내가 공들여 쓴「방황의 시간」이 나에게 있다는 사실은 내가 꿈에서 술에 취한 채로 시시한 놈들에게 기고만장하게 호통을 칠 수 있는 근거가 되었다. '그 놈이 있기 때문에 그래도 내가 살지요'라고 하는 아버지의 심정과 같다고나 할까.

「방황의 시간」이 자식 구실을 할 수 있는 가장 중요한 이유는 그것이 없어진 소설이었기 때문이다. 미국으로 유학을 떠날 때에 음악으로 되돌아가는 결심을 확인한다는 의미에서 내 소설을 어디에 두었는지조차 나는 기억을 하지 못하고 있었다. 담배를 끊으려는 심정에서 라이터 버리듯이 「방황의 시간」을 버렸던 것이다. 없어진 소설이 내 삶에 미친 몫은 긍정적이었다. 잘 쓴 소설인지 못 쓴 소설인지, 확인을 해볼 증거가 지상에 없으니까 내가 잘 쓴 소설이라고 한들 누가 무슨 말을 하겠는가. 내 삶에 있어서 없어진 소설의 몫은 그만큼 대단했다.

유학시절이 시작되고서부터 음악학, 음악역사, 음악미학, 음악인류학, 음악분석, 음악교육학, 이런 단어들과 상관되는 책들을 읽고, 문학과는 성질이 다른 그러나 황홀하기 그지없는 학문의 세계로 빠져들었다. 『창작과비평』 같은 계간지를 정말 우연치 않게 얻어 볼 기회가 생길 때가 있지만, 문학병에 다시 걸리는 것이 무서워서 책의 목차만 보고 덮었다. 『세계의 문학』이 창간되었다는 소식도 멀리서 들었지만, 더이상의 관심을 가지지 않았다.

가끔 유학생들 사이에서 문학 이야기가 나오면 나는 스스로를 위로하는 형식을 취한 후, 문학을 잊곤 했다. 심사위원을 잘못 만난 탓으로 당선은 되지 않았지만, 「방황의 시간」이라는 멋있는 소설을 쓴, 숨어 있는 문제작가가 바로 나다라는 식으로 스스로를 위로하곤 했다. 없어진 소설의 덕을 기회 있을 때마다 보았다는 뜻이다.

세월이 흘렀다. 십년간의 유학생활을 마치고, 모교인 서울대에 교수로 부임했다. 음악을 학문의 대상으로 삼고, 여러 과목의 강의를 했다. 그리고 개인 지도도 했다. 학생들에게 작곡을 가르치거나 피아노를 가르치는 일이 나의 임무가 아니라, 음악과 상관되는 글 쓰는 법을 개인 지도하는 일이 나의 임무였다. 생각하는 법, 논문 주제를 선택하는 법, 논문의 골격을 구성하는 법, 그리고 자기의 생각을 글로 표현하는 법 등을 가르쳤다. 학생들을 지도하면서 나는 놀라운 것을 발견했다.

학생들이 쓴 글을 읽으면, 고칠 곳이 너무나 많았다. 글이 되지 않음에도 불구하고, 학생들은 자기가 쓴 글이 글이 된 것으로 착각하고 있었다. 다시 말해서, 학생들은 자기가 '글을 썼다'고 하는데 글이 씌어져 있지 않을 때가 많았다. 씌어져 있지 않은데, 씌어져 있다고 생각하는 학생은 불행하다. 생각을 바꾸라고 해도 바꾸지 않고, 자기가 쓴 글이 글이라고 생각하는 학생이 제일 답답한 학생이다. 쓰면 글이 되는 속성을 아는 사람이 선생의 차원이라면, 써도 글이 되어 있는지 어떤지 모르는 사람이 학생의 차원이다.

「방황의 시간」을 쓸 때, 나는 선생의 차원에 있었던 사람이었던가, 학생의 차원에 있었던 사람이었던가가 궁금하다. 다행히도 없어진 소설이었기 때문에 유학시절의 나는 항상 선생의 차원에 있을 수 있었다.

귀국 후의 일이었다. 하루는 동아일보사에서 신춘문예 심사를 해달라는 부탁이 왔다. 음악평론 분야의 신춘문예 심사였다. 나는 신춘문예라는 말을 들으면, 지금도 가슴이 뛴다. 신춘문예 심사위원들은 나에게는 말 그대로 도사 같은 사람들이었다. 소설가나 시인이 되기도 힘이 드는 판국에, 소설가나 시인을 만드는 사람이 심사위원이 아니던가. 그러한 엄청난 심사위원들 틈에 내가 음악평론 분야 심사위원으로 끼인다는 것은 참으로 믿어지지가 않았다.

음악평론 심사에 관심을 가지기보다, 나는 시나 소설 분야의 심사위원들이 무슨 말들을 나누고 있는가에 관심을 더 많이 가졌다. 만일 이번에 내가 신춘문예에 응모했더라면, 저 분들이 나의 글을 심사했을 터인데, 나의 글을 보고 무슨 말을 했을까, 이런 생각들을 했다. 나의 없어진 소설을 보았다면 그들이 어떠한 반응을 보냈을까 싶었다.

내가 학생들을 가르치기 시작한 이후부터, 「방황의 시간」이 혹시 학생의 글 수준밖에 되지 않은 것은 아닌가라는 생각을 하게 되었다.

그런데 어느날 나의 연구실에 집사람의 전화가 걸려왔다. 전화의 요지는 다음과 같았다.

"여보, 당신의 소설 초고가 발견되었어요. '방황의 시간'이 아니라 '배회의 시간'이네요. 우리가 미국 유학 갈 때, 당신이 두고 간 물건들을 친정어머님댁에 맡겨두었던 것 기억하세요. 그 물건들을 친정어머님이 오늘 가져왔어요. 짐 보따리를 정리하다보니, 그 속에서 낡은 원고지에 씌어진 당신의 소설 초고가 있지 않겠어요. 당신이 술만 취하면 항상 기고만장하던 그 원고가 나왔어요. 당신 말대로 숨겨져 있는 걸작인지 와서 한번 확인해보세요."

아내의 전화 내용을 듣고, 나는 벼락을 맞은 것 같았다. 죽었던 친구가 살아왔다는 말을 듣는 것보다 더 거짓말 같은, 참으로 믿지 못할 말이었다. 이 세상에 한번 없어졌던 것은 영원히 없어져야 하는 법이다. 그런데 그것이 '있는 것'으로 둔갑했다고 한다. 반갑기보다 두려웠다. 말 그대로 정말 기절할 것 같았다. 포기는 했지만 오랜 세월 동안 나의 문학적 능력에 대해서 내가 끊임 없는 번민을 했던 것은 확실했다. '사느냐, 죽느냐, 그것이 문제다'라는 말이 있듯이, '있는 것'으로 다시 나타난 그것이 정말 좋은 것이냐 나쁜 것이냐, 그것이 문제였다. 말은 이렇게 하지만, 정말 나를 어떻게 다스려야 할지 알 수가 없었다.

그러나 문제는 아직 남아 있었다. 옛날의 내 글을 읽고, 지금은 선생이 된 내가 글 같은 글이라고 생각할지 어떨지 몰라 궁금하기 이를 데 없었다. '방황의 시간'보다 '배회의 시간'이라는 제목이 더 좋은 것 같기도 해서, 내 글에 희망을 걸 수 있었다. 십여년의 세월 동안 '배회'를 '방황'으로 착각하고 살아온 나였으나, 그 착각은 차라리 아름다운 착각일 수도 있다. 이런저런 걱정 때문에 나는 집으로 들어가기가 싫었다.

소가 도살장에 끌려가는 기분이 어떠한지 나는 모른다. 비몽사몽간에 보통때보다 오히려 일찍 귀가했다. 원고지는 낡았고, 글씨는 보일까 말까 했다. '배회의 시간'이라는 제목 밑에 이강숙이라는 이름이 적혀 있었다. 떨렸다. "소변이 마려워서 명동다방 안으로 급히 들어섰다. 다방 레지에게 변소의 위치를 물었다"라는 문장이 첫 문장이었다. 나는 '시작은 된다'는 생각을 했다. 그 다음 문장을 읽었다. 그때부터 얼굴이 뜨거워지기 시작했다. 부끄러워서, 참으로 부끄러워서, 말 그대로 쥐구멍이라도 있었으면 싶었다. 나는 내가 쓴 글을 계속 읽을 수가 없었다. 문장이 부끄러운 게 문제가 아니었다. 선생의 차원이라고 믿고 살았던 사람이 학생의 차원이었음이 밝혀지는 순간을 목격한 것이 참으로 괴로웠다. 내가 그동안 옳다고 생각했던 모든 것들이 틀린 것으로 입증되는, 참으로 기막히는 발견의 순간이었다. 반성하고 다시 배우겠다고 하면 될 것인 줄 누가 모르겠는가. 그러나 그 오랜 세월 동안 시시하지 않은 사람을 시시한 사람으로 보고, 시시한 내가 오히려 기고만장하게 허풍을 떨며 살아왔던 나날들, 아니 그렇게 살았던 용서받지 못할 그 죄들을 어떻게 해야 할 것인가가 문제였다.

아무리 묻어버리려고 해도 묻히지 않는 후회의 나날들이 나를 괴롭혔고, 지금 옳다고 생각하고 있는 것이 나중에 틀린 것이 되면 어떻게 하나라는 걱정 때문에 판단 정지의 생활을 하기 시작했다. 미성인과 기성인 사이에 엄청난 차이가 있다는 것을 알았음은 말할 나위가 없고, 그것이 비록 사람의 넋을 송두리째 울릴 정도로 훌륭한 것이 아니더라도, 시나 소설을 '쓸 수 있는 사람'의 귀함을 알게 되었다. 그래서 나에게는 지금도 시나 소설을 쓰는 사람들이 불가사의한 존재로 남아 있다.

인간의 흔적들

나에겐 정답이 없다. 정답이 없기 때문에, 나는 언제나 헷갈림의 삶을 영위한다. 얼마 전까지만 해도, 나에겐 옳은 삶이 하나뿐이었다. 나이가 들어서 그런지, 요즈음은 이런 삶도 저런 삶도 모두 옳은 삶 같다. 아니면 모두가 옳지 않은 삶 같기도 하다.

최근에 모스끄바를 방문한 일이 있다. 모스끄바 전체를 보았다고는 말할 수 없는, 며칠간의 짧은 여행이었다. 부분이라고 해도 극히 적은 부분만을 보았다고밖에 말할 수 없다. 그러나 가는 곳마다 전혀 다른 삶의 흔적이 있었다.

똘스또이가 살았던 집을 방문했을 때 나는 넋을 잃었다. 똘스또이가 살았다는 집의 겉모습이 나에겐 폐허같이 보였다. 똘스또이가 러시아에서 큰 대접을 받지 못하는 것인가 싶기도 했다. 집 입구에 한 사람의 남자가 지키고 있었고, 그 남자의 손끝 방향으로 걸어갔더니, 입장료를 팔고 있는 장소가 있었다. 입장료를 산 후

나는 똘스또이가 살았던 집안으로 들어갔다.

『전쟁과 평화』를 쓴 방이라는 설명서가 붙어 있는 방을 구경했다. 말로 형언하기 어려운 감회에 젖었다. 똘스또이의 딸이 거처했다는 방도 구경했다. 똘스또이가 손님을 맞이했다는 약간 큰 방도 구경했고, 똘스또이의 하녀가 사용했다고 하는 방도 구경했다.

내가 넋을 잃은 또다른 이유는 똘스또이가 작곡도 했다는 사실을 발견해서였다. 녹음테이프에서 재현되고 있는, 열아홉살 때에 작곡했다는 피아노 소품은 너무나 아름다웠다. 똘스또이가 소설을 쓰지 않고 작곡을 했었다면, 누구 못지않은 위대한 작곡가가 되었을 것이라는 생각이 들 정도로 그 곡은 아름다웠다. 지금도 그 곡의 여운은 가시지 않고 있다. 똘스또이의 집은 그 어느 누구와도 닮지 않은, 똘스또이 특유의 공간이었다. 이런 세상도 있구나 싶었다.

이번에는 러시아의 대작곡가 스끄랴빈이 살았다고 하는 집이다. 스끄랴빈이 직접 사용한 피아노도 보았다. 내 가슴은 울렁거렸다. 그가 사용했다는 빈약한 책꽂이도 보았다. 빈약한 책꽂이였기 때문에 오히려 더 친근감을 느꼈다. 스끄랴빈이 임종을 한 침대가 놓인 조그마한 방도 보았다. 집의 크기나 분위기가 똘스또이의 집과는 많이 달랐다. 서로 전혀 다른 공간이었다. 안내자가 알아듣지도 못하는 러시아말로 장황스러운 설명을 했다. 나는 그 설명이 싫었다. 설명을 통한 경험보다, 무언을 통한 내 나름대로의 경험이 나에겐 더 소중했다. 나는 안내자의 설명을 거부하고, 혼자서 스끄랴빈의 체취가 남아 있는 집안의 구석구석을 조심조심

점검했다. 그리고는 말없이 그 집을 걸어 나왔다.
 이번에는 모스끄바대학교다. 미국의 하바드대학보다 더 웅장한 것 같았다. 그리고 겉모양만이 아니라 그 속에서 살고 있는, 가르치고 배우는 사람들의 수준이 말 그대로 세계적이라고 하니, 또다른 하나의, 엄숙을 넘어선 성스러운 공간에 접하는 것 같았다. 물론 똘스또이와 스끄랴빈이 마련하고 있는 공간과는 너무나도 그 성격이 다른 공간이었다. 어느 공간을 택하겠는가라고 물었을 때, 사람들은 헷갈릴 것 같다는 생각이 들었다.
 다음날 나는 어느 미술관을 찾았다. 그 미술관 이름은 잊었다. 현대 작품들을 중점적으로 전시하고 있는 러시아에서 유명한 미술관이라고 했다. 내가 평소에 보아온 그림들과는 판이하게 다른 그림들이 전시되고 있었다. 나의 눈은 주로 불란서 회화풍에 길들어져 있었다. 그것이 내가 자란 문화적 배경이었다. 그런데 러시아의 현대 미술관에서 만난 그림들은 그 성격이 전혀 달랐다. 이건 전혀 다른 세상이구먼 하는 생각을 들게 했다. 정말 말 그대로 '전혀 다른 세상'이었다.
 이곳저곳을 찾아 다니는 길에 '레닌이 이곳에서 연설을 했다'는 표적이 붙은 건물 몇개를 보기도 했다. 그 건물의 벽에는 레닌의 얼굴이 각인되어 있었다. 레닌의 연설 모습이 각인되어 있는 건물 앞에서 나는 과거를 회상했다. 그리고 그 과거와 현재를 비교했다. 혁명의 현장을 상상하면서 나는 말로 형언할 수 없는 상념에 사로잡히기도 했다. 헷갈림이 배증되는 순간이기도 했다. 내가 방문한 곳은 이외에도 몇군데가 더 있다. 그중의 하나가 저 유명한 끄렘린궁이었다. 지배자가 살았었고 지금도 살고 있는 어마어마한 건물 안을 구경하면서 나는 똘스또이와 스끄랴빈이 창조해낸 공간과 비교했다. 참으로 전혀 다른 세상이라는 사실을 또 실감했다.

 나는 혼자서 삶의 흔적이라는 말을 생각했다. 내가 살아온 흔적은 무엇으로 남을까에 대한 생각을 했다. 내 삶의 흔적을 구경하러 올 사람이 있을까라는 생각은 접어 두었다. 내 삶의 흔적이라는 것이 있기는 한가라는 생각을 했기 때문이다. 나는 울고 싶었다. 아니, 러시아에서 경험한 참으로 서로 다른, 나를 헷갈리게 한 공간들을 비교하면서 나는 정말 울었다. 그러면서 끄렘린궁 안을 걸어다녔다.

 인간 삶의 흔적이 왜 이렇게도 서로 다른가라는 생각, 인간은 왜 인간을 서로 헷갈리게 만드는가라는 생각은 시종 내 머리를 떠나지 않았다.

따로, 같이

　나는 나대로 살고, 아내는 아내대로 살고 있다. 각각 따로 사는 법은 쉽게 배워지는 것이 아니다. 같이 산다는 명분으로 우리는 얼마나 서로를 구속하는가.
　우리 부부의 사이가 남보다 특히 더 나빠서 나 따로 아내 따로 사는 것은 아니다. 부부는 서로를 아껴야 한다. 아끼는 가장 좋은 방법은 많은 자유를 서로에게 부여하는 길이다. 나는 주로 밖에서 살고 있고, 아내는 주로 집안에서 살고 있다. 밖에서 살고 있는 나는 하루를 정신없이 보낸다. 집안에서 사는 아내는 나의 귀가시간에 대비하는 일이 가장 큰 일이다. 누가 더 자유로운 삶을 사는가 라는 생각을 해본다.
　어느 일요일 오후였다. 아내와 나는 집에서 더위를 식히고 있었다. 평소의 나답지 않은 생각을 했다. 귀가시간만 기다리고 있는 아내가 좀 안됐다는 생각이 들었다. "여보, 오랜만에 외식이나 합시다" "밖은 정말 찜통이에요"라는 대화가 오갔다.

　오후 네 시쯤이 되었을까. 내가 "여보, 좀 출출한데"라고 했다. 반주를 섞어가면서 아내가 만들어준 음식을 흡족하게 먹었다. "외식을 하자고 해놓고 그렇게 많이 먹어버리면 어떡해요"라는 말을 아내가 했다. 지금은 오후 네 시니까 저녁이 되면 다시 먹을 수 있다고 했다. 그리고는 2층 서재로 올라가서 졸기 시작했다. 얼마간의 시간이 흘렀다. "외식을 하러 밖으로 나갈까요"라고 말하는 아내의 목소리가 들렸다. "어쩌지. 오늘 따라 배가 아직 꺼지지 않고 있네."

　아내는 알았다는 듯이, 1층으로 내려갔다. 혼자 저녁식사를 하는 모양이었다. 아내가 저녁을 먹은 지 1시간쯤 지났을까. 아내는 졸음에서 깨어난 내가 텔레비전을 보고 있는 2층으로 올라왔다. "여보, 내 배가 이젠 다시 먹을 수 있다고 하네. 외식하러 나갑시다"라고 했다. 아내는 한 마디로 '노'였다. "여보, 같이 나갑시다. 내가 먹고 있을 때 당신은 옆에서 그냥 앉아 있으면 되지 않소"라고 했다. 아내는 여전히 '노'였다. "혼자 나가세요. 저녁 무렵이 되었으니까, 이젠 더위도 한풀 꺾였을 거예요. 중국집에 가서 짬뽕이나 하나 시켜놓고, 당신이 좋아하는 청하나 마시고 오세요. 그리고 돌아오는 길에 비디오가게 가서 멋진 영화 하나 골라오세요"라고 했다. 아내의 말투는 화난 말투가 아니었다. 서로에게 자유를 주는 삶을 살면 얼마나 좋으냐라는 의미가 내포된 말투로 들렸다. 내가 출출하다고 하면 평소의 아내는 아무리 귀찮더라도 음식을 만들어주었다. 그러나 오늘은 외식에 대한 '노'라는 말 이외에는 아무런 반응이 없었다. 나는 서로의 의사를 존중하는 것이 가장 잘하는 일이다라고 생각을 했고, 그래서 "좋소. 그렇게 하겠소"라고 말한 후, 1층으로 내려갔다. 내가 보던 텔레비전을 계속 그냥 보고 있으면, 그것은 결국 무언으로 먹을 음식을 만들어오라고 아내에게 강요하는 일밖에 되지 않는다는 것을 나는 안다. 아내를 더이상 귀찮게 할 수는 없었다. 아내 말대로 밖으로 나가서 짬뽕이라도 한그릇 먹고 오는 것이 좋겠다고 생각했다. 그래서 1층으로 내려갔다.

1층으로 내려가서 생각을 바꾸었다. 혼자서 짬뽕을 먹어야 할 정도로 시장한 것은 아니었다. 이내를 괴롭히지 않으려면 아내 몰래 라면을 끓여먹으면 된다는 생각을 했다. 결국 나는 아내 몰래 라면을 끓였고, 청하도 한병을 마셨다. 밖에 나가서 짬뽕을 먹고, 비디오가게 갔다 오는 시간을 계산한 후, 나는 1층의 청마루에 잠시 누웠다. 비디오는 왜 빌려오지 않았느냐라고 아내가 물으면, 오늘 따라 비디오가게가 문을 닫았더라고 말할 셈이었다.

결국 나는 2층으로 다시 올라갔다. "짬뽕 한그릇 잘 먹었고, 청하 한병 잘 마셨다. 비디오가게는 닫혀 있어서"라고 했다. 아내는 내 말을 믿었다. 그런데 아내가 갑자기 "여보, 당신만 먹고 와요? 기왕에 밖에 나갔다 오는 길이면 나 먹을 아이스크림 같은 것도 좀 사오지요"라고 했다. 나 혼자만 먹고 온 결과밖에 되지 않게 되자, 차라리 고백을 하는 것이 좋겠다고 생각했다. "사실, 밖에 나가지 않았소. 당신을 귀찮게 하지 않으려고 혼자 라면을 끓여먹고 올라왔소. 내가 나갔다면, 그냥 올 리가 있소"라고 했다. 아내는 이러면 어떻고 저러면 어떠냐라는 생각을 해서 그랬던지, "내 눈치 너무 보면서 살지 말아요"라고 했다. 우리는 다시 나는 나대로 아내는 아내대로 하루의 마지막 시간을 보내기 위해서 각자의 방으로 흩어졌다.

  인간은 누구나 결국 따로따로 사는 것인가. 따로 산다는 사실을 인식하는 삶과 인식을 하지 못하는 삶의 차이가 있을 뿐인가. 이 사실에 대한 인식을 모든 분야뿐만 아니라 모든 인간관계에서도 하게 된다면, 더 싫어하지도 더 괴로워하지도 않을 것이 아닌가. 이런 생각이 드는 하루였다.

존 케이지에 대한 기억

존 케이지가 이 세상을 떴다고 한다. 사람이면 누구나 결국 이 세상을 뜬다는 말을 우리는 자주 한다. 이 말이 또한 사실이기도 하다. 그러나 자기가 알고 있던 가까운 사람이 막상 이 세상을 떠나고 말면, 참으로 이상한 감회에 젖게 된다. 어차피 떠나고 말 것을 무엇 때문에 그렇게도 아웅다웅하면서 살았던가라는 식의, 일종의 푸념 같은 생각과 연결되는 감회만은 아니다. 더욱 본질적인, 삶에 대한 더 궁극적 물음과 상관되는 감회이다. 존 케이지가 떠났다는 소식을 접했을 때도 마찬가지였다.

나는 본질적인 것에 대한 물음을 던지는 습관을 중요시한다. 삶의 경우나 음악의 경우나 본질적인 것에 대해서 던지는 물음을 언제나 소중히 여긴다. 존 케이지는 음악이 이 세상에 존재하는 근본적인 이유를 언제나 본질적 차원에서 묻고 있다. 그는 기존의 관습적 사고를 음악적 패러다임으로 받아들이지 않았다. 과거의 음악, 현재의 음악, 미래의 음악 모두를 포함해서, 그리고 과거의 인간, 현재의 인간, 미래의 인간 모두를 포함해서, 음악을 포함한 모든 것에 대해서 사고한다. 이러한 사고의 맥락에서 인간 앞에 음악이라는 것이 존재하는 근본적 이유를 묻는다. 그래서 나는 존 케이지를 훌륭한 인간으로 생각한다.

존 케이지의 죽음에 접한 후 어느 일간지에 백남준이 쓴 글 대목 하나가 기억된다. 인간은 놀이를 하는 동물인데, 그리고 놀이를 하면 이기길 원하는 것이 인간인데, 기존의 놀이 규칙을 준수하면서 그 놀이에 이기는 방식도 있지만 이기기 위해서 새로운 규칙을 만들 수도 있다는 요지의 글 대목이었다. 기존의 규칙을 준수하는 경우에는 삼류 작곡가밖에 될 수 없는 사람이 자기의 생리에 맞는 새로운 규칙을 창조함으로써, 다시 말해서 그 새로 창조된 규칙을 따름으로써 일류 작곡가가 되는 경우가 있다.

백남준과 마찬가지로 존 케이지 역시 새로운 규칙 발견의 명수였다. 새로운 규칙 창조의 필요성을 느낀다고 해서 누구나 새로운 규칙을 만들 수 있다는 것은 물론 아니다. 수많은 사람이 새로운 규칙 발견에 실패함으로써, 말로 표현할 수 없는 고통의 삶을 산 흔적은 여기저기에서 발견된다.

몇년 전인지 확실히 기억되지 않는다. 존 케이지가 한국에 온 일이 있다. 그때 나는 영어를 좀 할 줄 아는 음악평론가라는 이유로 케이지와 인터뷰를 할 기회를 가졌다. 영어로 이루어진 인터뷰 내용을 번역하여 『음악동아』에 실은 적이 있다. 인터뷰 내용과 관련이 있는지 어떤지는 모르겠지만, 존 케이지를 만난 덕분으로 지금 내게 기억되는 사실이 둘 있다.
 존 케이지 외에도 나는 내한한 외국의 저명음악가들과 여러차례 인터뷰할 기회를 가졌었다. 대부분의 저명인사들은 요새 말로 해서 어깨에 힘이 잔뜩 들어가 있었다. 나쁜 의미에서 어깨에 힘이 들어가 있었다는 뜻은 아니다. 좋은 의미에서이든 나쁜 의미에서이든 그들은 대부분이 어깨에 힘이 들어가 있었다.
 언젠가 있은 유진 오르만디와의 인터뷰 역시 그랬다. 인터뷰 장소부터가 어깨에 힘이 들어가 있는 곳이었다. 적어도 나에게는 그렇게 생각되었다. 인터뷰 장소가 미국대사관 관저 안의 어느 접견실이었던 것이다. 이 접견실은 장소 자체에 이미 힘이 들어가 있는 것으로 나에게 느껴졌었다. 유진 오르만디는 아주 격식을 갖춘 인터뷰에 응했다. 지휘자로서 훌륭한 것은 사실이었지만, 인터뷰의 장소라든가, 격식 갖춘 인터뷰가 나에게 있어서 편한 자리가 아니었음은 사실이다.
 그러나 존 케이지의 경우는 그 성격이 판이하게 달랐다. 인사동 어느 한식집에서 인터뷰가 이루어졌다. 점심을 먹으면서 편안하게 이야기를 나누자고 하자, 존 케이지는 장소는 아무 곳을 택해도 좋다고 하여 그와 나는 책상도 없는 한식 온돌방이 있는 인사동의 어느 한옥을 찾은 것이다. 온돌방 바닥에 앉는 그의 자세가 불편하게 보였지만, 그는 자기의 다리를 불편하게 꼬면서 전혀 상관치 말라는 말을 했다. 그는 그야말로 참으로 소탈한 자세로 내가 묻는 말에 대답을 하기 시작했다. 그때 어떠한 말이 오고 갔는지는 『음악동아』를 참조하면 될 일이다. 내가 지금 하려고 하는 말의 초점은 어깨에 힘이 완전히 빠져 있는 소탈한, 참으로 소탈한, 가식이 없는 인간이 존 케이지였다는 사실이다. 위대한 음악가라는 어휘를 붙일 수 있을 정도로 저명한 인사가 이렇게도 소탈할 수 있다는 사실을 지적하고 싶은 것이다. '너야말로 참 인간이구나' 싶은 생각을 나는 속으로 했다.

두번째로 기억되는 것은 시청 앞에서 일어난 일이다. 인터뷰 장소를 찾아가고 있는 케이지와 나는 택시를 타고 시청 앞을 지나는 중이었다. 존 케이지가 갑자기 나를 향해서 'Listen to this sound'라고 말했다. 나에게 들리는 소리라고는 아무것도 없었다. 그는 나의 반응을 기다리는 듯했다. 나는 조심스럽게 무슨 소리가 들리는가 싶어 다시 귀를 기울였다. 그래도 들리는 소리라곤 없었다. 지나가는 차량 소리 이외에는 아무 것도 들리는 것이 없었다. 시청 앞에서 들리는 소리는 차량 소리 이외의 것이 있을 수 없었다. 아무 소리가 들리지 않는다고 내가 대답을 했더니, 자세히 들어보라, '서울의 소리'가 들리지 않느냐고 그는 되물었다. 나는 존 케이지 말이 무슨 소리인지 알 수가 없었다. '서울의 소리'라니 그게 무슨 뜻인가라고 내가 물었더니, 그는 이렇게 대답했다.

그는 파리, 런던, 뉴욕, 동경 할 것 없이 세계의 여러 도시를 들렀다고 했다. 여러 도시에 들르게 되면, 제일 먼저 들리는 것이 그 도시의 소리라고 했다. 빠리의 도심에 가면, 런던의 도심에서 들리는 소리와는 전혀 다른 소리가 자기 귀에 들린다는 것이다. 서울시청 앞에서 들리는 소리는 지금까지 어느 도시에서도 들어본 적이 없는 신기한 소리라는 것이다. 서울이라는 도시가 만들어내는 소리가 바로 '서울의 소리'라는 것이고, 그것이 자기에게는 서울의 음악이라는 것이었다. 나는 속으로 놀랐다. 존 케이지를 만나기 전까지는 도시의 소리에 대한 생각을 한번도 해본 적이 없었기 때문이다. 존 케이지는 말을 계속했다. 시골에 가면, 시골마다 가지는 독특한 소리가 있다고 했다. 전원의 소리라고나 할까. 아무튼 어떤 곳이 있고, 그 어떤 곳은 그곳에 알맞은 소리를 반드시 만들고 있다는 것이 존 케이지의 생각이었다. 듣는 연습을 계속하면, 도시의 소리가 들린다고 존 케이지는 말했고, 그러한 도시의 소리는 인간이 인위적으로 만든, 음악이라는 이름의 소리보다 훨씬 더 재미있고 아름답다고 그는 말했다.

나는 사람들이 왜 존 케이지를 전위음악가라고 부르는지 그 이유를 알 듯도 했다. 도시의 소리를 듣는다고 해서 전위음악가라는 뜻은 아니다. 그는 철저한 자유인이었던 것이다. 남이 만들어놓은 기존 규칙에 구애되지 않는, 참으로 자유로운 인간이었던 것이다. 모든 것을 철저히 자기 식으로 생각한 사람이었다. 그렇다고 해서 그 자기 식의 생각 속에 불변적 법칙이 없는 것은 아니었다. 자기 식의 법칙에 철두철미 순종하는 규칙의 순종자이기도 했다.

아무튼 귀한 인간은 떠났다. 그는 세상에 없다. 이 말은 물론 그의 몸이 없다는 뜻이다. 그러나 그의 마음은 언제나 우리 옆에 있다. 그의 음악과 그의 저서를 통해서 언제나 다시 만날 수 있다. 몸이 인간에게 중요한 것이 사실이지만, 마음이 더 중요하다는 사실을 존 케이지를 떠나보내는 이 순간 다시 한번 더 하게 된다.

고상한 사람——어느 병실에서

내 엉덩이에 혹이 하나 있다. 아프지는 않지만 거북스러운 혹이다. 기회가 있으면 혹을 떼내는 수술을 받고 싶었다. 혹이 제법 컸기 때문에 간단한 수술로는 되지 않는다. 입원을 하려면 어느 정도의 시간이 필요하다. 직장생활에 몸이 묶여 있는 나로서 시간을 며칠씩 낸다는 것은 쉬운 일이 아니다. 그래서 차일피일 미루면서 살아오고 있는 터였다.

그런데 가족 전부가 병원에 입원을 하게 되는 사건이 벌어졌다. 아내의 갑작스러운 사고 때문에 아내가 입원을 했고, 막내며느리는 첫 출산 때문에 입원을 했다. 내가 입원을 하게 된 이유는 가족의 사정 때문이었다. 손이 모자란다는 가족의 사정도 있었지만, 아내는 나 이외의 사람에게 간호받기를 싫어했다. 나는 며칠간 직장에 나가길 포기했다. 물론 병간호라고 해봐야 내가 해야할 일은 아내 옆에 앉아 있는 일, 그리고 시간마다 소변 대변을 보게 해주는 일 이외의 것은 없었다. 나는 이 기회에 내 엉덩이에 있는 혹을 떼내면 어떨까 싶었다. 기왕 직장에 못 나갈 바에야, 그동안 숙제로 남아 있던 엉덩이의 혹 문제를 해결할 수 있지 않겠느냐 싶었다. 아내와 의논한 후, 혹 떼는 수술을 받기로 했다. 간단한 수술이지만, 일단 입원을 해야 한다는 것이 병원측의 주장이었다. 아내는 12층의 독방에, 막내며느리는 7층의 독방에, 나는 11층의 2인용 방에 입원을 했다.

간단한 입원 수속을 끝내고 2인용 입원실로 들어섰을 때, 이미 한 환자가 두 자리 중의 하나를 차지하고 있었다. 70세 정도 돼보이는 노인이었다. 중환자임에 틀림이 없었다. 옆에 아내인 듯한 노파가 맥빠진 채로 앉아 있었다. 나는 인사를 생략했다. 죽느냐 사느냐의 문제에 직면한 중환자의 입장에서 인사 같은 것은 받을 겨를이 없는 것 같았다. 나는 내 자리에 앉았다. 그리고 병원이 주는 환자복으로 갈아 입었다.

11층 환자들은 대부분 나이가 든 사람들이었고, 주로 암 환자들이었다. 내 옆에 누워 있는 환자도 암 환자였다. 느낌이 참으로 좋지 않는 병동이었다. 7층은 신생아가 태어나는 병동이었다. 막내며느리의 순산 후 7층으로 내려가 보았더니, 새로 태어난 갓난 아이들이 여기저기에서 울음소리를 내지르고 있었다. 앞으로 60세, 70세를 살아갈, 그것도 한평생을 어떻게 살아갈지 모를, 그런 아이들이 득실거리는 7층이었다. 11층에 비해서 너무나 대조적이었다. 삶이 시작되는 층과 마무리되는 층을 두고, 대조적이라는 말을 사용한다는 것이 오히려 거북스러울 지경이다. 기막히게 서로 다른 세상이 병원이라는 세상 안에도 있구나 싶었다.

아내가 입원을 하고 있는 12층은 또다른 세상이었다. 노인, 젊은이, 남자, 여자 할 것 없이, 여러 종류의 사람들이 모여 있는 병동이었다. 교통사고를 위시해서, 갑작스러운 사고로, 하루 전만 해도 멀쩡하던 사람이 환자가 되어 모여 있는 병동이었다. 아내 역시 다리가 부러지는 사고 때문에 지금 입원을 하고 있는 것이 아닌가.

운명이 서로 다른 병동의 환자들을 생각하면서, 2인용 병실에서 혼자 누워 있는 나에게 옆의 중환자가 힘없는 소리로 내게 말을 걸었다. 어디가 아파서 입원했는가, 무얼하는 사람인가 등에 대해서 물었다. 나는 예술학교라는 곳에서 일하는 사람이라고, 그리고 간단한 수술을 받으러 입원했다고 대답했다.

노인은 내 말을 듣고 잠시 머뭇거리다가, "예술이라……" 하더니만, "참 고상한 것을 하시네요"라고 말했다. "한평생을 살아보았는데, 다시 한번 더 산다면, 아웅다웅하면서 살기보다는 고상한 예술 같은 것을 하면서 살고 싶네요"라고 말했다. 하나님을 의심 없이 믿는 마음과 같은 마음으로 그는 예술을 고상함과 연결시키고 있었다. 예술을 고상함과 연결시키는 사람에게 무슨 잘못이 있겠는가. 나는 그 중환자에게 예술은 고상할지는 몰라도, 예술하는 사람은 고상하지 않는 경우가 많아요라고 말하고 싶었다. 예술하는 사람도 알고 보면 아웅다웅하면서 살고 있어요라고 말하고 싶었다. 경우에 따라서는 예술하는 사람이 오히려 더 추하게 살아요라고도 말하고 싶었다. 그러나 말이 길어질 것 같아서 생략했다.

노인의 말이 옳고 그른지는 둘째 문제다. 예술을 전공으로 하지 않는 사람은 예술이 무엇인지 알지도 못하면서 예술하는 사람을 막연히 대단한 사람으로 생각하는 것 같고, 예술을 전공하는 사람은 예술하는 사람을 잘 아니까 보통 사람들이 생각하는 것만큼 예술하는 사람을 대단한 사람으로 생각하지 않는 것 같다는 생각을 했다. 이런 생각을 하면서 나는 '예술이 과연 인간 앞에 무엇일까' 아니면 '무엇이어야 하는가'라는 문제를 두고 대답을 얻고 싶었다.

나는 며칠 후에 퇴원을 했다. 암 말기 환자라고 하는 그 노인은 지금 어떻게 되었는지 알 수가 없다. 다만 나는 그 노인 덕분으로 참으로 오랜만에 '고상한 사람'이 되어야겠다는 생각을 해본다. 예술이 인간 앞에 존재하는 원래의 이유를 회복시켜야겠다는 생각을 해본다.

마음의 완전한 평화

 인간은 누구나 마음의 평화를 얻고 싶어한다. 그냥 평화가 아니라 완전한 평화를 얻고 싶어한다. 어떻게 하면 마음의 평화, 그냥 평화가 아니라 완전한 평화를 얻을 수 있을까. 대답은 간단하다. 평화를 얻기 위한 연습이 바로 대답이다. 연습 없이 되는 일은 없다.
 아내의 마음과 내 마음은 다르다. 결혼 전에는 다른 줄을 몰랐다. 아이들을 낳고, 또 키우는 과정에서 서로의 마음이 다르다는 것을 알게 되었다. 무엇이 어떻게 다른가라고 물으면 분명하게 대답을 할 수는 없다. 그러나 날이 갈수록 서로의 마음이 다르다는 것을 알게 된다. 서로의 마음이 다르기 때문에, 부끄러운 일이지만 부부싸움을 한 적도 있다. 아이가 감기에 걸렸을 때 아내는 즉시 감기약을 먹이려고 하는데 나는 감기약 같은 것은 필요없다고 말한다. 그래서 부부싸움을 하게 된다. 그만큼 마음이 다르다는 것이다.

　작은 일이지만 서로의 마음이 다를 때 마음의 평화를 잃는다. 감기약 안 먹는다고 감기가 안 낫는 것도 아니고, 아이는 자라면서 감기에도 걸리고 해야 더 건강하게 자랄 것이다. 그리고 감기약을 먹여봐야 먹는 즉시 감기가 낫는 것도 아니다. 약을 자주 먹이면 면역성이 없어진다, 이런 식의 생각을 나는 한다. 그러나 아내의 마음은 다르다. 감기에 걸리면 아이가 고생을 한다. 약을 먹이지 않으면 감기가 오래간다. 감기가 오래간다는 말은 아이가 고생을 하는 기간이 길어진다는 뜻이다. 약을 먹여서 그 기간을 짧게 해서 아이를 되도록이면 빠른 시일 내에 편안하게 해주어야 한다. 아내의 마음은 이런 것이다.

　인간의 마음은 어떤 것일까. 막연하고, 무한하고, 모양새가 없는, 정신적인 어떤 것일까. 헤겔 같은 철학자는 인간의 마음은 그런 것이 아니라고 한다. 막연하지도 않고, 무한하지도 않은 것이 인간의 마음이라고 한다. 한정적인 것이면서도 구체적인 모양새를 지닌 것이 인간의 마음이라고 한다. 헤겔의 말이 옳은 것인지 아닌지 나로서는 알 길이 없다. 그러나 아내의 마음과 내 마음을 비교해보면, 막연하고, 무한하고, 모양새가 없는 것을 인간 마음이라고 말해버릴 수만은 없게 된다. 아내의 마음과 내 마음은 아주 구체적으로 서로 다른 것을 택한다.

　아내와 내 마음의 모양새만 다른 것이 아니다. 이 세상에 있는 모든 인간들은 그들 나름대로의 마음을 가지고 있다. 모두가 서로 다른 마음을 가지고 있다. 마음이 서로 다르기 때문에 같은 형편에서도 어떤 사람은 괴로워하고 어떤 사람은 기뻐한다. 인간사에서 야기되는 모든 희비의 쌍곡선은 개인 마음의 모양새가 다르기 때문이다.

감기약을 먹여야 행복해지는 마음이 있고, 먹이지 않아도 행복해지는 마음이 있다는 것은 간단한 예에 불과하다. 음악을 해야, 문학을 해야, 시인이 되어야, 행복해지는 마음이 있고, 그런 것들과는 전혀 상관없는 것들을 해도 행복해지는 마음이 있다.

모난 마음, 넓은 마음이라는 말은 왜 있는 것일까. 욕심이 많은 마음이라든가 빈 마음이라는 말은 또 왜 있는 것일까. 사각형의 마음, 삼각형의 마음, 육각형의 마음, 원형의 마음이라는 말이 없으란 법이 없다.

개인마다 서로 다른 구체적 실체를 가지고 있는 것이 마음이면, 이 실체를 이루고 있는 인자가 있지 않을까라는 생각이 들 때가 있다. 이 인자는 역사적으로 형성되는 것이 아닐까. 그리고 이 인자들이 합목적적으로 얽혀서 인간의 특정 마음을 낳는 것이라는 생각이 들 때가 있고, 인간에겐 '일반 마음'은 없고 '특정 마음'만이 있다는 생각이 들 때가 있다. 그리고 이 특정 마음은 특유의 구조 내지 체계를 가지고 있다는 생각도 든다.

그렇다면 마음의 본성은 과연 어떤 것일까. 특정 마음은 사람마다 서로 달리 가지는 마음이고, 일반 마음은 모든 사람이 공유하는 마음일까. 인간에게 일반 마음이 있다면 그것은 마음의 본성이 아닐까.

헤겔에 의하면 마음의 본성은 자유에의 추구와 상관된다고 한다. 인간 마음은 가장 자유로울 때 가장 인간 마음다워진다는 말이 될지도 모른다. 이 말을 다른 말로 하면, 자유롭지 못한 마음을 가질 때 인간의 마음은 불편해지고 고통스러워하고 불행하게 된다는 말이 된다. 돈에 구속되면 돈 때문에 마음이 자유롭지 못하게 되고, 권력에 구속되면 권력욕 때문에 마음이 자유롭지 못하게 된다. 예술에 구속되면 예술 때문에 마음이 완전히 자유롭게 되지 못한다고 말하는 사람도 있다. 종교에 구속되어도 마찬가지라고 하는 사람도 있다.

완전한 자유를 추구하려 질주하는 것이 인간 마음의 본성이라면, 그 완전한 자유를 얻는 방법은 철학하는 길밖에 없다고 헤겔은 말했다. 나는 헤겔의 말이 옳은지 어떤지 모른다. 예술하는 길이나 종교하는 길 역시 완전한 자유를 얻는 방법일 수 있다.

한가지 분명한 사실이 또 있다. 사람의 마음은 살아가면서 서로 다르게 형성된다는 사실이 바로 그것이다. 그리고 완전히 자유로운 마음을 못 가짐으로써 인간은 불행하게 살고 있다는 것이다. 이 때문에 마음의 개조가 필요한 것이 아닌가 싶다.

안된다고 생각되는 것을 된다라고 생각해보는 연습, 무서워할 대상을 무서워하지 않는 대상으로 바꾸는 연습, 몸을 거꾸로 매달리게 하는 연습과 마음을 거꾸로 매달리게 하는 연습, 그리고 무엇보다 현재 자기가 생각하고 있는 어떤 생각에만 매달리지 말고 그것과는 전혀 다른 어떤 대안을 찾는 연습 등, 생각의 연습을 게을리하지 않는다면 언젠가는 모든 것으로부터 해방되는 '완전히 자유로운 마음'을 가지게 되지 않을까. 그렇게 하는 길이 바로 마음의 평화, 그냥 평화가 아니라, 완전한 평화를 얻는 유일한 길이 아닌가라고 생각할 때가 많다.

명동, 음악과 문학, 그리고 술

　음악과 문학, 그리고 술. 지금도 그렇지만 대학시절 나는 특히 이 셋을 좋아했다. 명동에는 음악과 문학 그리고 술 모두가 있었다. 국립극장이 명동에 있었고, 명곡 다방으로 알려진 돌체가 명동에 있었다. 국립극장에서 나의 첫 피아노 독주회가 있었으니까 명동에 나의 음악이 있었던 셈이고, 남의 음악들이 레코드를 통해서 밤낮으로 흘러나오던 돌체가 있었으니까 나의 음악과 남의 음악 모두가 명동에 있었던 셈이다.
　돌체에는 음악만 있었던 것이 아니다. 문학인들이 많이 모였다. 천상병씨는 아예 돌체에서 살았다. 돌체에서 레코드를 틀어주는 일을 하고 있었다.
　그 당시 명동에 은성이라는 술집도 있었다. 문학인들이 낮밤으로 득실거리는 곳이었다. 명동백작이라는 별명을 가진 것으로 기억되는 김봉구라는 사람은 언제 가도 거기에 있었다. 앉는 자리는 카운터 옆으로 거의 정해져 있었다. 그래서 그의 얼굴보다 뒷모습을 보기가 쉬웠던 것으로 기억된다. 은성에서 김수영이 술에 취해서 술상 위에 올라가 "풀이 눕는다"라고 외치던 일도 기억난다. 김수영씨가 교통사고로 세상을 떠났다는 소식을 듣고 나는 참으로 슬펐다.

　명동에는 청동다방도 있었다. 이 다방에 가면 오상순씨는 언제나 폴몰 담배를 피우고 있었다. 다방 안팎에는 시인 지망생이 득실거렸다. 나 역시 시 한줄을 써서 오상순에게 보인 일이 있다. 그분이 내게 한 말을 지금도 기억한다. "아직 안 보이는군"이었다. 그렇게만 말하고, 나를 쳐다보지도 않았다. 나는 낯이 화끈거렸다. 그 일이 있은 다음부터 돌체와 은성에는 계속 다녔지만 청동에는 다시 들르지 않았다. 청동다방과 가까운 곳에 기원이 있었다. 거기 가면 바둑의 대가 조남철씨 얼굴을 볼 수 있었다. 바둑을 좋아하기 때문에 술을 마시기 전이나 후에 그 기원에 나는 자주 들렀다. 천상병씨, 조남사씨, 민병산씨, 이런 사람들의 얼굴이 눈에 띄었다. 나중에 가서 그들 중 한두 분과는 인사를 나누었지만, 큰 내왕은 없었다.

　청춘이라는 말은 내게 낯설다. 내게도 청춘이 있었던가 싶다. 그러나 지금 생각해보면 돌체와 은성 주변을 맴돌던 시절이 나의 청춘이 아니었던가 싶다. 지금도 나는 음악과 문학 그리고 술을 좋아한다. 물론 바둑도 좋아한다. 그 좋아함 위에 철학과 역사가 얹혀진다. 이런 것들을 좋아하는 것이 내게, 혹은 인간에게 얼마만큼 유익한 것인지 나는 모른다. 그러나 나는 그것들 없이는 살

수 없다. 소용없는 술, 소용없는 철학과 역사. 그러나 나의 인생은 그것들이 만들었다. 소용없게 만들어진 나는 명동 시절이 다시 한 번 더 찾아옴으로 해서 내가 명동에서만은 소용이 있는 인간이 되길 바라는지 모른다.

베토벤의 '하일리겐슈타트 유서'

　스무살 적에 대한 기억은 희미하다. 나는 이십대를 회상했다. 처음에는 원고 집필을 위한 단순한 회상이었다. 그러나 사정이 달라졌다. 기왕에 시작된 회상이니 본격적인 회상을 한번 해보자라는 생각에 이르자 나는 내 인생 전반을 돌아보기 시작했다. 또한 요즈음의 내 생활 전반에 대한 반성을 심도있게 하게 된다. 그러나 처음 의도와는 달리 결국 기막힌 슬픔을 맛보게 된다. 과거에 대한 기억의 희미함이 가져다주는 슬픔은 참으로 대단한 슬픔임을 알게 된다. 어릴 적, 내 눈앞에 아롱거리던 모습에 대한 그리움은 참으로 안타까운 그리움임을 알게 된다.

　아무리 기억을 더듬어보아도 내가 이십대에 읽은 글은 얼마 되지 않는다. 나는 어릴 적부터 음악을 좋아했다. 죽도록 좋아했던 것으로 기억된다. 눈이 상대하는 책보다 귀를 상대로 하는 음악을 나는 더 좋아했다. 나는 눈보다 귀를 더 많이 사용한 사람이었다.

그런데 언제부터인지 귀를 사용하는 빈도만큼이나 눈의 사용빈도가 많아졌다. 그 이유는 베토벤 때문이었다. 나는 어릴 적부터 베토벤을 사랑했다. 미치도록 사랑했다. 그의 음악은 나의 넋을 삼켰고 내 인생의 진로를 결정했다. 나는 베토벤에 대한 것이면 무엇이든 알고 싶었다. 그가 낳은 음악이면 무엇이든 전부 알고 싶었다. 아홉 개의 교향곡은 말할 것도 없고 32개의 피아노 소나타 등, 베토벤 음악 전부를 알고 싶었다. 그래서 결국 베토벤 음악 전부를 알게 된다. 알면 알수록 베토벤이 더 좋아졌다.

나는 그의 음악뿐만 아니라 그의 인생을 알아야만 했다. 예술적 삶만이 아니라 그의 일상직 삶을 일아야 했다. 잠은 이떻게 잤고, 사랑은 어떻게 했고, 술은 얼마만큼 마셨고에 대한 것만 아니라, 그의 일상적 삶 전체가 어떠했던가에 대해서 알고 싶었다. 그의 잘난 점만이 아니라, 오히려 그의 못난 점을 알고 싶었다. 나는 이때부터 눈을 혹사하기 시작했다. 그의 일상적 삶에 대한 정보는 책을 읽어야 알 수 있었기 때문이다. 다시 말해서 그의 음악은 귀가 알게 했지만 그의 인생은 눈이 알게 했기 때문이었다.

내가 베토벤에 대한 글 중에 제일 먼저 읽은 것은 그가 직접 동생들에게 쓴 '하일리겐슈타트 유서'였다. 나는 베토벤이 젊었을 때 쓴 이 유서를 읽고 또 읽었다. 울면서도 읽고 웃으면서도 읽었다. 그의 음악에서 받은 감동 이상의 감동을 나는 이 유서에서 받았다. 아무리 들어도 싫증나지 않는 그의 음악과도 같이 이 유서는 읽을 때마다 나의 넋을 송두리째 삼켰다. 나는 눈의 고마움을 이때부터 알기 시작했다. 귀를 통한 넋의 움직임도 중요하지만 눈을 통한 넋의 움직임이 얼마나 중요한 것인지를 알기 시작했다. 음악 못지않게 내 주변에 있는 책의 소중함을 알기 시작한 것이다.

나는 베토벤 유서의 내용을 여기서 소개하지 않겠다. 독자의 몫으로 이 유서를 남겨놓고 싶다. 이 유서를 읽고 감동하지 않을 사람이 없을 것으로 나는 확신한다. 음악을 통해서만 우리는 삶을 배우는 것이 아니다. 음악에 대한 글도 우리를 가르친다.

＊편집자 주: '하일리겐슈타트 유서' 내용의 일부를 소개하면 다음과 같다.
"사람들과 어울려 이야기를 나누며 서로 감정을 토론하는 것이 나에게는 허락되지 않는단 말이다. 다만 어쩔 수 없을 때만 사람들 속으로 들어갈 뿐이고 마치 추방된 인간처럼 살아야 한다. 사람들에게 다가서면 곧 내 귓병이 들통나지 않을까 하는 무서운 불안이 덮친다. 지난 반년 동안 시골 구석에 처박혀 지낸 것도 그 때문이었다. (…) 하지만 이따금 사람들의 모임에 끼고 싶은 견딜 수 없는 유혹에 빠지곤 한다. 내 옆의 모든 사람은 플루트 소리를 듣는데 나에게는 아무 소리도 들리지 않고, 누군가는 양치기의 노랫소리를 듣는데 나는 전혀 듣지 못할 때 느끼는 그 큰 굴욕감이란…… 이런 꼴을 자주 당하다보니 나는 거의 희망을 잃었다. 스스로 목숨을 끊고 싶은 충동까지 일었다. 나를 붙잡은 건 오직 '예술'이었다. 내가 사명을 다하지 못한 채 이 세상을 저버려서는 안된다는 생각이 들었던 것이다. (…) 신이시여! 당신께서는 나의 마음속을 들여다보고 계시니 이 모든 것을 아실 테죠. 마음속에 사람들에 대한 사랑과 선행에 대한 바람으로 가득 차 있음을 말입니다. 오, 너희들의 나에 대한 행동이 얼마나 옳지 못했는지를 나의 이러한 상황들을 이해할 수 있을 때 알게 될 것이다. 그리고 불행한 사람들은 자기와 똑같이 불행했던 한 인간이 온갖 장애에도 불구하고 가치있는 예술가와 인간의 대열에 끼기 위하여 전력을 다한 것을 보고, 거기에서 새로운 희망을 찾게 될 것이다."
(로맹 롤랑『베토벤의 사랑』, 김원구 옮김, 음악춘추사 1998, 66~68면에서 재인용)

새로운 학교

아마추어가 되려면 모를 일이다. 그러나 프로가 되려면 눈을 다른 곳에 돌려서는 되지 않는다. 만일 박세리가 골프 이외의 것에, 이창호가 바둑 이외의 것에, 박찬호가 야구 이외의 것에 눈을 돌렸다면, 오늘의 그들이 있었겠는가. 박세리, 이창호, 박찬호는 말할 필요도 없이 우리나라가 낳은 뛰어난 인력이다. 국제경쟁력이 있는 인력이란 바로 이러한 사람들을 두고 하는 말이다. 한 국가가 다양한 인력을 보유하고 있어야 한다는 차원에서 보면 박세리, 이창호, 박찬호 같은 뛰어난 기량을 가진 사람은 중요한 인력이 아닐 수 없다. 이러한 인력을 증가시키기 위한 제도적 장치의 마련은 중요하다.

우리나라 아이들은 태어나면 거의 예외없이 초등학교에 들어간다. 그런데 일반 초등학교에 들어가서는 박세리, 이창호, 박찬호 같은 인력이 양적 팽창하기는 어렵다. 국제경쟁력이라는 말은 허구가 되고 만다.

초등학교에 들어가면, 초등학교가 시키는 공부를 해야 한다. 세계적 골퍼, 세계적 바둑기사, 세계적 야구선수가 되려고 하는 학생이든, 그저 그런 평범한 학생이든 간에 초등학교에 들어가면 학교가 시키는, 이른바 학교 공부를 해야 한다. 학교 공부가 먼저이고 나머지 것들은 부차적인 것이 되고 만다. 프로 골퍼가 되려고 하는 사람에게 골프 연습이 부차적인 것이 되면 어떻게 되겠는가.

세계적 피아니스트가 되고 싶은 아이의 경우도 마찬가지다. 학교 공부를 먼저 한 후, 남는 시간에 피아노 공부를 해야 하는 것이 현재의 초등학교 학생이 놓여 있는 운명이다. 한눈을 팔지 않아도 될까 말까 한 일인데, 한눈을 팔고 있는 사람이면 프로의 문턱에도 오를 수 없다.

몸의 치수나 마음의 치수가 태어날 때부터 운동선수나 예술가가 될 수밖에 없는 아이가 있다. 그러한 아이는 아마 국민의 0.01%밖에 되지 않을지 모른다. 아니 그보다 더 적은 수효일지 모른다. 그러나 그러한 아이는 이 땅의 곳곳에 숨어 있다. 국제경쟁력을 우리가 중요시한다면, 우리는 그러한 아이를 발견해야 한다. 그리고 그러한 아이의 교육이 중요하다는 것을 알아야 한다.

다시 말하지만, 그러한 아이의 교육은 일반 초등학교에서는 불가능하다. 그 이유는 위에서 언급했듯이 일반 초등학교에서는 학교 공부가 먼저이고, 어떤 분야의 프로가 되기 위한 조기교육 내지 영재교육은 부차적인 것이 되기 때문이다.

필자는 기회 있을 때마다 수차례 언급한 바가 있다. 이 기회에 다시 한번 더 0.01%의 아이들을 위해서 '예술초등학교'를 만들어야 한다는 주장을 한다. 예술초등학교라니, 그게 무슨 말인가라고 말할 사람이 있을 줄 안다. 예술초등학교는 다름 아닌, 프로가 되기 위한 공부가 먼저이고, 영재교육과 조기교육을 중요시하는 학교이다. 일반 초등학교에서 일컫는 이른바 학교 공부는 부차적인 것이 되는, 그러한 학교이다. 말하자면 피아니스트가 되려는 학생은 눈만 뜨면 죽어라고 피아노 공부만을 하게 하는 학교이다. 남는 시간에 학교 공부를 하게 하는, 그러한 학교이다. 이러한 학교가 제도적으로 우리나라에 생겨야 한다.

예술초등학교에서 6년간 주된 피아노 공부와 부수적인 학교 공부를 병행해본 결과, 피아노로는 입신을 하지 못하겠다는 결론에 도달하는 학생의 경우는 어떻게 되는가. 교육과정의 세부적 사항이 되는 것이겠지만, 교육기간 중의 평가과정에서 학교 공부에 더 치중케 함으로서 일반 중등학교에 진학하도록 하는 방법이 있다.

예술초등학교가 없는 우리의 현실은 어떤가. 일반 초등학교에 다니면서, 학교 공부와 피아노 공부를 병행하다가, 피아노로 입신을 하지 못하겠다는 결론에 도달하는 학생의 경우는 피아노를 포기하면 된다. 그러나 포기하고 싶지 않은 학생의 앞날은 어렵게 된다. 현재의 제도에서는 별 도리가 없다. 일반 중등학교로 진학하는 경우가 있고, 완전한 예술중등학교의 성격은 아니나 다른 일반 중등학교보다는 상대적으로 음악을 중요하게 다루는 가령 예원 학교 같은 곳으로 진학하는 경우가 있다. 일반 중등학교에 진학하든 예원 학교에 진학하든 간에, 적(籍)은 학교에 두고 한국예술종합학교의 예비학교에 와서 지도를 받는 학생도 있다.

그러나 필자는 이런 식의 현행 제도보다 예술초등학교-예술중등학교-예술고등학교-예술대학교가 생김으로써, 교육의 시작과 끝이 서로 이어지는 예술교육제도의 정착이 필요하다고 생각한다. 여기서 예술대학교라고 하는 것은 예술 초중고등학교와 구별하기 위한, 대학과정의 예술학교라는 의미에서 사용되는 명칭이다. 인문대, 사회대 식의 일반 대학과는 시작부터 다른 학교임은 말할 나위가 없다.

연전에 탄생된 한국예술종합학교는 진일보한 예술교육제도임에 틀림이 없다. 그러나 학교의 명칭 때문에 예술학교가 중학교인지 고등학교인지도 아직 모르는 사람이 많은 실정이지만, 한국예술종합학교는 대학과정의 예술학교일 뿐, 영재교육의 차원에서는 오히려 더 중요한, 교육의 시작 부분에 해당되는 예술초등학교, 예술중등학교, 예술고등학교는 아직 성립되지 않고 있다. 이 점의 보완이 시급하다. 99.9%의 보통 어린이들도 중요하지만, 0.01%의 예술 영재의 재능을 살릴 수 있는 제도도 중요하다. 예술 영재 교육의 세부적 방법 연구도 중요하지만, 지금의 초등학교와는 학교의 성격이 본질적으로 다른 예술 영재학교에 해당되는 예술 초중고와 대학교를 만들 때 국제경쟁력이 강해지리라 믿어 의심치 않는다.

어떤 지면에 「1%의 아이들」이라는 글을 쓴 적이 있다. 위에서 언급한 생각을 기회 있을 때마다 강조하고 싶어서였다. 중복되는 이야기가 될지 모르나 여기서 「1%의 아이들」을 다시 소개해본다.

맞춤복과 기성복의 개념은 다르다. 인간 마음의 치수를 다루는 교육의 경우, 기성복식 교육과 맞춤복식 교육의 개념은 더욱 다르다. 읽기 쓰기 셈하기 능력을 배양하기 위한 교육이 필요없다는 것은 아니다. 그러나 모든 학생을 상대로 예외없이 시험 위주의, 기성복식 학과목 교육을 시킨다는 것은 문제가 심하다. 초중고와 대학교로 이어지는 직선 교육관은 기성복식 교육관화(化) 되어가고 있다. 예술교육의 경우 기성복식 교육으로는 절대로 안된다.

마음의 생김새가 가령 셈하기와는 거리가 먼 학생을 놓고 일반교육이라는 미명하에서 다년간 산수를 가르치고 있는 학교교육은 개선되어야 한다. 기성복식으로 미리 민들어놓은 교과내용은 맞춤복을 필요로 하는 예술가의 마음에는 소용이 없다.

백보 양보해서 '좋은 기성복'이 필요하다고 하자. 99% 아동들의 몸과 마음의 치수가 대부분 엇비슷하기 때문에, 몇가지의 기성복을 만들어놓고 그것에 맞는 마음과 몸의 양산이 필요하다고 하자. 그러나 이 사회에는 태어날 때부터 마음의 치수가 99%의 아이들과 다른 1%의 무서운 아이들이 있다. 그리고 이러한 아이들이 자라서 이 사회에 큰 몫을 할 수 있다. 이러한 1%의 아이들에겐 시작부터 특별한 교육을 시켜야 한다. 삶에 필요한 만큼의 읽기 쓰기 셈하기만 가르친 후, 음악가가 되려고 하는 사람은 음악의 강대국 러시아에서와 같이 시작부터 음악만 가르치는 음악 초등학교에 보내야 한다. 현행 교육법을 대폭 개정해서 음악초 음악중 음악고 음악대 수준으로 이어지는 예술교육법을 제정할 때 이 땅의 장래는 밝아진다. 우리는 수능고사 인간형 배출을 시급히 중단해야 한다. 기성복식 교육이 낳는 무서운 병을 하루 빨리 완치해야 한다. 99% 인간도 중요하지만 1% 인간의 중요성을 인식할 때 문화는 꽃피고 '참 신한국'은 창조된다.

예술을 위한, 학생을 위한, 사회를 위한 교육

목수에게만 재료가 필요한 것이 아니라 음악가에게도 재료는 필요하다. 악기가 재료일 수 있고, 선율적 재료라든가 화성적 재료 같은 것도 있을 수 있다. 나무를 재료로 하는 목조 건물, 돌을 재료로 하는 석조 건물, 인간을 재료로 하는 정치, 언어를 재료로 하는 문학, 관념을 재료로 하는 철학, 이성(異性)을 재료로 하는 성생활, 선과 색을 재료로 하는 그림 같은 것도 있을 수 있다.

인간은 자기 삶을 있게 해주는, 주변에 흩어져 있는 여러 종류의 재료들과 상종하면서 산다. 정보 내지 관념 들과 상종하면서 산다. '학교의 환경'이라는 말이 있는데, 이 학교의 환경 역시 학생의 삶 주변에 흩어져 있는, 삶과 관계를 맺을 재료이다. 한국예술종합학교는 예술을 위한, 학생을 위한, 사회를 위한 이상적 환경을 마련할 것으로 믿는다.

자기가 맺고 있는 자기 주변에 흩어져 있는 여러가지 재료들과의 관계를 관찰하는 눈을 인간은 가지고 있다. 이 눈의 성격이 자기 인생을 결정한다. 교육은 결국 자기가 자기를 보는 눈의 긍정적 형성을 위해서 있다.

한국예술종합학교는 학생과 그들 주변에 흩어져 있는 많은, 그러나 그 중요성에 비추어 학생들의 예술적 삶과 중요한 관계를 맺을 재료들과의 관계를 중요시한다. 이 말은 선생의 앎이 학생의 삶과 무관할 때가 너무나 많다는 것의 인식에서 교육이 출발해야 한다는 뜻이다. 선생의 앎의 전수가 교육적 의미를 전혀 가지지 않을 때가 너무나 많다. 산 교육이 아니라 죽은 교육이 우리 주변에서 범람하고 있는 것을 보아도 우리는 그것을 알 수 있다. 선생을 위한 교육이 아니라 학생을 위한 교육이길 한국예술종합학교는 원한다. 학생을 위한 교육이라고 해서, 예술을 위하지 않는 교육일 수는 없다. 학생과 예술을 위한 교육이라고 해서, 학생과 예술이 동시에 숨을 쉬며 살고 있는 우리 사회를 외면할 수 없다. 말하자면 학생을 위하면서 동시에 예술도 위하고 궁극적으로는 그 학생과 예술이 살고 있는 우리 사회를 위한 교육을 위해서 한국예술종합학교는 존재해야 한다는 것이다.

교육의 성공은 인간의 속성을 이해하는 것에서 비롯된다. 한마디로 교육에 있어서 자기를 보는 눈의 긍정적 형성만큼 중요한 것은 없다. 자기를 보는 눈의 긍정적 형성만 이루어지면 교육은 이미 이루어졌다고 보아도 좋다. 한국예술종합학교는 이 자기를 보는 눈의 긍정적 형성을 돕기 위해서 존재하길 원한다. 다시 말하지만 자기를 보는 긍정적 눈만 형성되면 교육에서 나머지는 학생의 몫이 된다. 선생이 가르치지 않아도, 배우고 싶으면 학생은 얼마든지 배우게 된다. 가르침이 곧 배움이 되는 것은 아니다. 이 점을 생각하면 교육에서 자기를 보는 눈의 긍정적 형성만큼 중요한 것은 없다. 선생이 아무리 가르쳐도 학생이 배우지 않으면 교육은 이루어지지 않는다는 사실을 인식할 필요가 이 때문에 절실하다. 가르친다는 사실과 배운다는 사실은 자동적으로 동일선상에 놓이는 것이 아니다. 그것이 동일선상에 놓이게 되려면 자기를 보는 긍정적 눈의 형성이 먼저 이루어져야 한다. 그래야만 피교육자의 개인적 삶의 향상을 위하는 참교육이 이루어진다. 자기를 보는 긍정적 눈의 형성이 없이는 교육이 불가능할 뿐만 아니라, 설사 가능하다고 하더라도 학생의 삶과는 아무런 관계가 없는 교육이 이루어질 뿐이다. 경우에 따라서는 학생의 삶에 오히려 저해 요인을 낳는 교육이 이루어진다.

한국예술종합학교의 각 원에서 이루어지는 예술 수업은 그래서 다음과 같은 연습을 하길 원한다. 남들이 만들었거나 식별해놓은 예술적 사건의 지각 연습, 자기 스스로 예술적 아이디어를 창출하는 연습, 예술관념을 탐험하는 연습, 예술판단을 하는 연습, 남들의 예술적 판단을 수용하는 연습, 예술적 관념을 배열하는 연습, 주어진 여건 안에서 예술적 관념을 소화하는 연습, 호기심 발동 연습, 예술적 목적 설정 연습, 예술적 목적 성취 연습 등이 그것이다. 몇가지 예에 불과한 이러한 연습들을 허용하는 예술 수업이길 원한다. 이러한 수업을 성공적으로 받은 개인은 먼저 예술을 위할 줄 알고, 남의 예술과 자기의 예술을 동시에 위할 줄 알고, 그 예술을 있게 하는 하는 당사자인 자기 스스로를 위할 줄 알고, 그리고 그러한 자기와 자기 주변에 있는 '나'와 '너'의 예술이 공존하는 사회를 위하는 사람이 될 것이다.

한국예술종합학교는 이러한 의미에서 단순히 예술 교육만을 위해서 존재하는 것이 아니다. 좁게는 예술 교육을 위해서 존재하는 것이지만 궁극적으로는 인간 교육을 위해서 존재한다. 수능고사 위주 인간형을 배출하고 있는 우리나라의 교육적 풍토 전반을 반성하기 위해서 존재한다. 우리나라가 요구하고 있는 새로운 인간형의 배출을 위해서 존재한다. 새로운 교육적 모델의 창조를 위해서 존재하길 원한다. 수능고사에서 좋은 점수를 얻는, 좋게 말해서 지적 능력만을 가진 인간이 참인간이 되는 것은 아니다. 지적 능력도 중요하지만 인간에게는 감성적 영역에서의 능력이 지극히 중요하다. 지적 능력과 정적 능력의 조화가 지극히 중요하다. 이성과 감성의 조화 없이는 참인간상을 얻을 수 없다. 자발적이고, 창의적이며, 이성적이면서도 감성이 참으로 예민할 뿐만 아니라 이 모든 능력이 서로 어울려서 조화를 이룬 인간이 참인간이 된다. 한국예술종합학교는 이러한 참인간형을 길러내려고 하는 것이다. 자기 스스로를 위하는, 그리고 예술을 위하면서 그 예술이 숨쉬고 살고 있는 우리 사회를 위하는 인간형을 한국예술종합학교는 길러내려고 하는 것이다.

국정감사와 국회의원

　국가의 문화예술 정책을 집행하는 기관이 문화관광부임은 누구나 안다. 문화관광부에서 일어나는 여러가지 일, 그 일에 대한 조그마한 반성이 하나 있다. 아무리 작은 반성이라고 해도 진정한 반성은 모두를 위해서 좋다.
　지난 9월 26일 문화관광부 산하기관은 국정감사를 받았다. 내가 일하고 있는 한국예술종합학교도 국정감사를 받았다. 아침 10시부터 밤 10시까지 국정감사는 계속되었다. 감사를 받는 우리들은 지쳐 있었는데, 국회의원들은 지칠 줄을 몰랐다. 자신들의 직분에 이렇게 열심인 사람들도 있구나 싶었다.
　감사를 받는다는 것은 기분 좋은 일이 아니다. 그러나 감사를 받고 있을 때에도 받고 난 뒤에도 '국정감사는 의미있는 것이구나'라는 생각을 했다.
　국회의원들은 참으로 열심이었다. 지나치게 길게 발언하는 국회의원도 있었고, 나라의 사정보다 가끔 지역구의 사정에만 관심을 표명하는 국회의원도 있었다. 그러나 그들의 사정을 이해하면 그러한 발언은 당연한 것이다. 우리에겐 우리의 사정이 있고 그들에겐 그들의 사정이 있다.

내가 한국예술종합학교 교장이 되기 전에는 서울대 음대 교수였다. 교수 시절에 나는 자유인이었다. 할말을 마음대로 했고, 하고 싶은 일을 마음대로 했다. 서울대라는 조직체의 일원이었지만, 한번도 조직의 일원이라는 생각을 해본 일이 없다. 조직의 장인 총장이나 학장의 눈치를 볼 필요도 없었다. 쓰고 싶은 글을 썼고, 하고 싶은 강의를 했다.

지금은 그렇지가 않다. 문광부라는 거대한 조직의 일원이고, 또 조직의 일원이라는 인식하에서 말도 하고 행동도 한다. 만일 교수 시절에 국회의원의 발언에 동의하지 못하는 일이 벌어졌다면, 교수로서, 한사람의 음악평론가로서, 한사람의 국민으로서, 나는 당당히 국회의원과 논쟁을 벌였을 것이다.

지금의 사정은 다르다. 비굴해서가 아니고, 타락해서가 아니다. 조직의 일원이라는 생각이 나의 입지조건을 교수 시절과 다르게 만든다. 교수 시절의 자유는 사라지고 나는 어디엔가 꽉 묶인, 아주 부자유한 인간이 되고 만다.

교수 시절의 나는 '나 만들기'를 하면 됐다. 서울대를 만들겠다는 생각보다 나를 만드려는 생각이 항상 나를 지배하고 있었다.

지금은 경우가 다르다. 한국예술종합학교를 만들어가는 일이 나의 일이다. 내 인생은 한국예술종합학교가 잘 만들어지느냐 아니냐에 달렸다고 생각한다. '나 만들기'보다 '학교 만들기'가 훨씬 더 중요하다.

'나 만들기'의 시절은 자유인이었으나, '학교 만들기'의 시절은 자유인일 수 없다. 여기서부터 나 속에 자유인과 부자유인이 동시에 존재하기 시작했다. 나는 자유인만이 가치있는 것이 아니라, 부자유인 역시 가치있는 것이라고 생각하기 시작했다. 자유인들은 행복하고 부자유인은 불행할지 모른다. 그러나 '학교 만들기'의 차원에서는 행복의 의미가 다를 수 있다. 비록 부자유인이지만 그 부자유인의 입장을 택함으로서, '학교 만들기'가 더 잘되면, 그것으로 행복하다.

국회의원은 '나라 만들기'를 하는 사람이다. '학교 만들기'를 하는 사람의 입장과 같을 수 없다. 아침 10시에서 밤 10시까지 딱딱한 철로 된 의자에 앉아 감사를 받으면서, '학교 만들기'의 입장이 이렇게 어려운 것인가에 대한 생각을 했다. 국회의원의 위세에 위압당하면서 그 위압당하는 것을 당연하다고 생각하는, 현재의 부자유인인 나를 부끄럽게 생각하기도 했다.

내 속에 있는 자유인과 부자유인은 싸우기 시작했다. 자유인으로 발언을 할까, 부자유인으로 발언을 하지 말까. 아니면 자유인으로 발언을 하지 말까, 부자유인으로 발언을 할까를 생각했다. 어느 쪽을 허락해야 이 나라를 위해서 좋을까라는 생각도 했다.

동의할 수 없는 국회의원의 의견이 피력되는 것을 보고 참기 힘들 때도 있었다. 국회의원은 장관도 실국장도 기관장도 자기들이 추궁하고 싶으면 언제나 추궁하는데, 우리라고 해서 왜 그들을 추궁하지 못하나 싶기도 했다.

　나는 반성하기로 결심을 했다. 철로 만들어진 좁은 의자에 앉은 채로 끊없이 반성을 했다. '학교 만들기'의 시각보다 '나라 만들기'의 시각이 더 넓고 깊을 것으로 믿고 그들의 말을 참고 경청하기로 했다. '나라 만들기'에 참여하고 있는 사람들의 말에 더 많은 의미가 있을 것이다. 그 말의 의미를 이해하려고 노력하자. 그리고 그 말의 의미를 되새기며 나 스스로를 반성하자고 속으로 다짐했다. 이 반성 속에는 이 나라를 위하여 국회의원도 진심으로 반성해주길 원한다는, 자기 이익만 챙기는 국회의원이라는 소리를 국민들에게 듣지 않게 되기를 원한다는 작은 소망이 들어 있었다. 이 소망이 이루어지는 날 우리나라에서 국회의원 그들이 바라는 옳은 문화가 창조되지 않을까 싶다.

제 2부

음악이 인간 앞에 있는 까닭

아! 부닌

　부닌이라는 피아니스트를 나는 잊을 수 없다. 부닌은 기억에 남는 연주가라기보다 잊을 수 없는 연주가다. 그가 지금 어디에서 무엇을 하고 있는지 알고 싶다. 그가 지금 어디에서 무엇을 하고 있는지 알고 싶다라는 말은 그가 그립다는 뜻이다. 그리움의 간접적 표현인 것이다. 나는 부닌을 한번 더 보고 싶다. 얼굴을 보고 싶은 것이 아니라 그의 음악을 한번 더 보고 싶다. 음악은 들어야 하는 것이다. 그런데 나는 그의 음악 전체를 한꺼번에 볼 수 있는 음악적 공간을 생각하고 있다.
　내가 부닌의 연주를 처음 들었을 때 나는 부닌이라는 이름을 몰랐었다. 처음 듣는 이름이었다. 외국에서 오는 연주가는 대부분의 경우, 못하지는 않지만 그저 그런 연주가였다. 부닌의 경우도 처음에는 그저 그런 피아니스트겠지라는 생각을 했다. 그런데 그의 연주를 듣는 순간 나는 놀랐다. 참으로 놀랐다. 말 그대로의 감동이었다. 잘한다라는 생각을 들게 하는 연주가는 많아도 나에게 감동을 주는 연주가는 드물었다. 그런데 부닌은 나에게 감동을, 그것도 진한 감동을 안겨다 주었다.

감동의 이유는 여러가지다. 기교가 특출하고 음악성이 탁월하다는 식으로 여러 언급을 할 수 있다. 모든 면에서 특출하다라고 말할 수도 있다. 그러나 만일 누가 나에게 한마디로 말하라고 한다면, 나는 그의 절묘한 음악적 타이밍에 대한 말을 하고 싶다.

말로는 표현할 수 없는, 참으로 기가 막힌 음악적 타이밍을 부닌은 창조해내고 있었다. 음악에서 내가 기대하는 가장 이상적인 타이밍이 그에게서 완벽하게 재창조되고 있었다.

성악에만 노래가 있는 것은 아니다. 음악이면 그것이 성악이든 기악이든 모두가 노래다. 부닌이 피아노로 노래 부를 때, 예술적 발단 발전 귀결과정에서 작용되는 그의 음악적 리듬이 너무나 좋았다. 다른 모든 음악은 가짜 같았고, 그의 음악만이 진짜 같았다. 그와 나의 얼굴은 닮지 않았지만, 음악적 마음은 정말 똑같은 것이 아닌가 싶을 정도였다. 너무나 감동스러워서 그냥 울고만 싶었다. 나는 좋은 음악을 들으면 울고 싶어진다. 그래서 사실상 운다. 어떨 때에는 내가 부끄러울 정도로 흐느끼면서 운다. 나는 부닌의 연주를 들으면서 속으로 울고 또 울었다. 그래서 지금도 그를 잊지 못하고 있다.

음악이 인간 앞에 있는 까닭

오랜만에 옛 제자가 찾아왔다. 자기가 낳은 딸아이를 안고 있었다. 자주 찾아뵙지 못한 것을 죄송하게 생각한다는 말을 했다. 학교 다닐 때보다 어디엔가 골몰하는 듯 보였다.

제자와 이런저런 이야기를 했다. 늙은 쪽이 약했다. 나이 들어가면서 생각하는 것은 건강뿐이라는 이야기, 인생의 덧없음에 대한 이야기를 했다.

제자는 느닷없이 이런 말을 했다. "우리 아버지 요즈음 이상하세요." "왜"라고 물었더니 "육십이 다 되어가시는데 피아노 배운다고 야단이세요."

"아버지는 평생 술만 마셨어요. 회사일이다, 친구일이다 하시면서, 하루도 빠지지 않고 매일 밤 늦게 귀가하셨어요. 그런데 요즈음은 피아노 배운다고 정신이 없으세요."

나는 제자의 말을 듣고 무슨 이야기인가 싶었다. "요즈음 아버지는 해가 지기 전에 퇴근하세요. 퇴근 즉시 동네에 있는 음악학원에 가서 피아노를 배우세요. 집으로 돌아오셔서는 즉시 피아노 앞에 앉으세요. 그러고는 당신이 알고 계시는 노래를 더듬더듬 건반으로 누르고 계셔요. 아버지는 정말 즐거우신가봐요. 무한한 희열을 느끼시는가봐요. 남이 내고 있는 음악 소리를 보든가, 듣고만 있어온, 말하자면 방관의 자세를 취해오던 사람, 그러한 사람은 경험하지 못하는, 당신이 직접 자신의 음악 소리를 내본 사람만이 경험하는, 신비스러운 경험을 하고 계시는가봐요."

제자의 말이 거짓으로 생각되지 않았다. 수적으로 많지 않겠지만, 세상의 어느 모퉁이에서 제자의 아버지 같은 사람이 살고 있을 것이라는 생각이 들었다.

나는 두 종류의 사람에 대한 생각을 했다. 어떤 일을 잘해야만 행복해지는 사람과 잘하지는 못하지만 그 일을 하는 것 자체로 행복해지는 사람에 대해서이다. 피아노를 잘 쳐야만 행복해지는 사람과 잘 치지 못하지만 피아노를 치는 것 자체로, 자기가 직접 소리를 내어보는 것 자체로 행복을 느끼는 사람이 우리 주변에 있다. 나는 두 종류의 사람과 음악이 이 세상에 존재하는 참이유를 관계지어 보았다. 음악이 이 세상에 존재하는 참이유가 반드시 잘하는 사람과 상관이 있는 것은 아니라는 생각을 했다.

얼마전에 독일인 부부가 나를 찾아왔다. 아주 젊은 부부였고 모두가 의사였다. 내가 근무하고 있는 한국예술종합학교를 구경시켜주어야 하는 처지였다. 구경을 시켜주던 도중 그들이 음악을 사랑한다는 사실을 발견했다. 학교 안에 있는 피아노를 보더니 남편

되는 사람이 피아노를 치겠다고 했다. 나는 놀랐다. 의사였지만, 피아노를 아주 잘 쳤기 때문이다. 연주에 세련미라든가 완숙미 같은 것은 없었다. 그러나 낼 소리는 모두 내고 있었다. 피아노를 치면서 즐거워하는 모습은 옆에서 보기에도 부러웠다. 잘 치고 못 치고와는 상관이 없이 피아노 소리를 내고 있는 자기를 즐기고 있는 그의 모습은 나를 감동시켰다. 그에게 음악가가 되려고 한 적이 있는가라고 물었더니 그런 일은 없다고 했다. 그리고 그 독일 의사는 대충 다음과 같은 말을 했다.

음악가가 되고 되지 않고의 문제는 중요하지 않다. 자기는 음악 자체를 사랑한다. 그래서 음악을 연주회장에서만 즐기는 것이 아니라 생활화하고 있다. 아내가 이 세상에서 최고로 예쁜 여자이기 때문에 자기 생활의 일부가 되고 있는 것은 아니다. 예쁘고 예쁘지 않고와는 상관이 없이 아내를 사랑하기 때문에 아내는 자기 생활의 일부가 되고 있다. 음악의 경우도 마찬가지다. 이 세상에서 최고로 잘 연주되는 음악이기 때문에 음악이 자기 생활의 일부가 되고 있는 것이 아니다. 자기가 음악을 사랑하기 때문에 음악은 자기 생활의 일부가 되고 있다라는 내용의 말이었다. 사랑하는 아내와 사랑하는 음악을 가지고 있는, 그 젊은 독일 의사는 참으로 행복해보였다. 우리 주변에도 이 독일 의사와 같은 사람이 많았으면 좋겠다는 생각을 해보았다.

월광곡 이야기

사람의 가슴속에 불타지 않는 심지가 있다. 불타지 않는 심지가 불타는 심지로 바뀌게 되는 계기는 사람마다 다르다. 진선미(眞善美)라는 말이 있는데, 어떤 사람은 진(眞)을 만나면 심지에 불이 붙고 어떤 사람은 선(善)이나 미(美)를 만나면 심지에 불이 붙는다.

나는 인간의 삶에서 심지에 불이 붙는 순간만큼 중요한 것은 없다는 생각을 한다. 불이 붙지 않고 있을 때에는 어벙벙하게 그냥 몸만 살고 있는 것 같고, 불이 붙을 때에는 내가 비로소 살고 있다는 느낌을 받는다. 불붙은 가슴 때문에 마음이 어디론가를 향해서, 목마름 안에서 향수 안에서, 그리움 안에서, 무한한 어떤 동경의 세계 안에서, 움직이기 시작한다는 느낌을 받는다. 나는 활활 타는 가슴이 뛰는 곳으로 겁 없이 질주하기도 한다.

내 가슴속에는 어릴 때부터 불타지 않는 심지가 있었다. 타지 않던 심지에 불이 최초로 붙었던 일을 나는 지금도 기억한다.「월광곡」으로 알려진 베토벤의 피아노 소나타를 처음 만났을 때의 일이다.

어렸을 때 학교의 음악선생님이 이 세상에서 가장 아름다운 음악이 있다면 그것은 베토벤의「월광곡」이다,라고 하셨다. 나는 음악선생님을 좋아했다. 그래서「월광곡」이라는 곡에 대한 궁금증이 생겼다. 그 곡이 어떠한 곡이기에 선생님이 그렇게 훌륭한 곡이라고 하시는가 하면서「월광곡」을 한번 꼭 듣고 싶었다.

요즈음은 음반을 여기저기에서 쉽게 구할 수 있다. 그러나 내가 어렸을 때에는 음반 구하기가 어려웠다. 그냥 어려운 것이 아니라 무척 어려웠다.「월광곡」음반을 찾는 과정에서 생긴 여러가지의 어려움에 대한 이야기는 생략하기로 한다. 우여곡절 끝에 결국「월광곡」음반이 있는 친구 집을 찾았다. 나는 가슴 두근거리면서 태어난 후 처음으로「월광곡」을 들었다. 그런데 어찌된 일인가. 내 귀가 의심스러웠다. 기대했던 것과는 전혀 다른 결과가 나타났다.「월광곡」을 듣고 아무런 감동을 받을 수가 없었다. 분명히 음악을 들었음에도 불구하고 아무런 기억이 마음에 남지 않았다. 곡의 모양새가 어떻게 생긴 것인지 알 수가 없었고, 음악선생님이 왜「월광곡」이 그토록 훌륭한 곡이라고 하는지를 알 수 없었다. 내가 좋아하는 음악선생님이 우리들에게 거짓말을 했을 리는 만무하다고 생각했다. 나는 다시「월광곡」을 들었다. 다시 들어도 마찬가지였다. 내 귀가 원망스러웠다. 다음과 같은 음악선생님의 말씀을 기억하지 못했더라면「월광곡」과 영영 생이별을 할 뻔했다. "처음 대하는 음악은 한두 번 들어서는 되지 않는다. 한두 번을 듣고 그 음악의 의미를 즉시 파악하기는 힘든다. 음악이 흘러가는 방향이 어떻게 되는지를 파악할 수 있을 때까지 반복해서 들어야 한다. '음악을 처음 만난다'는 라는 말의 의미는 음악을 그냥 처음 한번 들었을 때를 의미하는 것이 아니라 음악이 흘러가는 방향이 어떻게 되는지를 파악할 수 있을 때를 뜻한다"라는 말이 음악선생님의 말씀이었다.

나는「월광곡」을 여러번 들었다. 듣고 또 들었다. 그랬더니 어느날부터 서서히 음악선생님의 말씀이 옳은 말씀으로 바뀌기 시작했다. 소리를 통해서 어떤 불가사의한 음악의 모양새가 내 마음 안에 나타나기 시작했다. 나는 '아! 이 소리, 이 소리들의 움직임, 이 움직임을 가능케 하는 불가사의한 소리의 통로'라는 생각을 했다.「월광곡」을 태어나서 처음으로 만나는 순간이었던 것이다.

음이 하는 이야기를 말로 하는 이야기로 옮겨 놓을 수 있는 능력이 내게 있다면, 음악을 모르는 사람에게 음악이 얼마나 기막힌 어떤 것이라는 사실을 밝힐 수 있을 것 같다. 그러나 불행하게도 그런 능력이 나에겐 없다. 내가 말할 수 있는 것은「월광곡」을 만난 후 내가 변한 사실에 대한 이야기밖에 없다. 월광곡의 모양새가 내 앞에 나타나는 순간 내 가슴속의 심지에 불이 붙기 시작했고, 그 불붙음이 이후의 내 삶을 결정지었다는 말밖에 할 수 없다. 거짓없이 말을 한다면, 그때에 붙었던 불은 내 가슴속에서 지금도 타고 있다. 중학교 2학년 때인 것 같다. 나는 베토벤의「월광곡」에 맹세를 했다. 그대를 위해서 나는 내 인생을 바치겠노라고.

감동에는 두 가지의 종류가 있다는 생각이다. 어떤 것에 감동을 받음으로 해서 그냥 멍해지는 순간이 있다. 나는 이런 감동을 '그냥 감동'이라고 한다. 그런데 또다른 하나의 감동은 '그려진 감동'이다. '그냥 감동'이 너무나 좋아서 그 감동의 내용을 밖으로 드러내고 싶은 욕망과 '그려진 감동'은 연관된다. 밖으로 드러내고 싶은 욕망 때문에 어떤 사람은 '그냥 감동'의 내용을 밖으로 그대로 그려낸다. 음에 의해서, 말에 의해서, 선과 색깔에 의해서 그려지기도 하고 몸에 의해서 그려지기도 한다. 성공적으로 그려진 결과를 나는 '그려진 감동'이라고 한다. 내가 감동에 두 가지의 종류가 있다고 말한 이유는 '그냥 감동'과 '그려진 감동'을 구별한 것에 연유한다.
  인간은 누구나 '그냥 감동'은 받는다. 그러나 '그려진 감동'을 만들어낼 수 있는 인간은 극히 제한되어 있다. 문제는 사람들이 감동을 평가하는 사회적 통념에 있다는 생각을 나는 한다. '그냥 감동'을 하는 사람보다 '그려진 감동'을 만들 수 있는 사람을 더 잘난 사람으로 이 세상은 평가를 한다. 나는 이러한 사회적 통념이 예술과 인간 삶의 관계에 어려운 문제를 제공할 수 있다는 생각을 한다. '그려진 감동'을 만들 수 있는 능력이 중요하지 않다는 것은 아니다. 다만 '그려진 감동'의 궁극적 존재 이유는 '그냥 감동'의 회생을 위해서 있는 것이라는 데에 있다. 나의 경우도 마찬가지다. 「월광곡」이 나에게 안겨준 '그냥 감동'의 여파는 이만저만한 것이 아니었다. 나는 나 스스로 「월광곡」을 한번 연주해보고 싶었다. '아! 이 소리'라고 하면서 감동을 받았던 바로 그 '그냥 감동'의 소중함을 내 마음대로 마음껏 한번 음으로 안아보고 싶었다. 음악선생님에게 가서 「월광곡」 악보를 좀 보고 싶다고 했다. 「월광곡」 악보는 왜, 라고 음악선생님이 물으셨다. 나는 연주를 한번 해보고 싶어서요, 라고 했다. 음악선생님은 "이 학생, 큰 일을 저지를 학생이군. 피아노의 피 자도 모르는 학생이 월광곡을 연주하겠다니! 선생님도 아직 월광곡을 칠 수 있는 실력이 되지 못하네"라고 하셨다. 그러고는 말도 붙이지 말라고 하시면서 나를 그냥 돌려보냈다. 음악선생님은 나를 참으로 무모한 학생으로 생각했다.

　나는 내가 무모한 사람인지 그렇지 않는 사람인지에 대한 생각은 하지 않았다. 「월광곡」을 막무가내로 좋아했을 뿐이다. 음악선생님이 내가 무모한 사람으로 생각한 이유는 대충 다음과 같다. 요즈음도 그러한지 모르지만, 내가 피아노를 처음 배운 시절에는 '바이엘'이라는 피아노 교본을 사용했다. '바이엘' 공부를 끝낸 다음에는 '하논'이라는 손 연습을 위한 책과 병행해서 '체르니 30번'과 '소나티네'라는 책에 있는 곡들을 공부했다. '체르니 30번'을 끝내면 '체르니 40번'이라는, 한 단계 더 높은 교본으로 공부를 하는 것이 상례였다. '소나티네' 공부가 대충 끝난 다음에는 쉬운 '소나타' 공부를 하게 되는데, 쉬운 '소나타' 공부를 하는 단계에 이르기까지만 해도 상당한 기간이 걸리는 것이 보통이다. 「월광곡」은 소나타의 하나이지만, 연주하기 쉬운 소나타가 아니라 아주 어려운, 최고급의 소나타로서 아무나 함부로 접근할 수 있는 곡이 아니다. 나의 무모함이라는 말은 피아노 공부를 위한 절차에는 아랑곳하지 않고, 피아노 공부에서 제일 초보 단계인 '바이엘' 공부조차 끝내지 않은 상태에서 「월광곡」이 좋다는 이유 하나만으로 그 곡의 연주를 시도했다는 사실에 있다. 한번 더 말하면, 귀로 완전히 익힌 「월광곡」이라는 이유 하나만으로, 그래서 가슴의 심지에 불을 붙게 한 월광곡이라는 이유 하나만으로 무작정 「월광곡」을 연주해보려고 했다는 점이 바로 나의 무모함이었다. 물론 나는 피아노를 잘 치고 못 치고에는 관심이 없었다. 내 가슴에 불을 붙게 한 그 곡을 '내가 직접 만든 소리'를 통해서 만나보고 싶었고, 그러한 나의 욕망을 꺾을 사람은 이 세상에 아무도 없었다.

나는 남몰래 결국 악보를 찾아냈다. 악보를 처음 대하는 순간 가슴이 뛰었다. '아! 이런 모양새의 악보에서 그러한 소리가 나오는구나'라는 생각이 들었다. 악보 읽는 일에 익숙한 사람은 악보를 보는 순간 한눈에 악보가 시키려고 하는 일이 무엇인지 안다. 나의 경우는 이야기가 완전히 달랐다.

「월광곡」은 왼손이 올림 다 즉 C#음을 옥타브로 누르고 있을 때, 오른손이 올림 사 즉 G#, 올림 다 즉 C#, 마 즉 E, 이렇게 세 음 건반을 차례로 누르는 것으로 시작된다. 이렇게 시작되는 부분을 악보를 통해서 찾는 일에 나의 경우 반나절 이상이 걸렸다. 내가 악보를 읽는 수준이 그 정도밖에 되지 않았던 것이다. 나는 그 반나절 이상의 시간이 지루하지 않았음은 물론 흥분과 긴장과 행복감으로 뒤범벅이 된 순간들이었다. 잘 치고 못 치고의 문제보다는 위에서 언급된 음들로 시작되는, 그 소리만 들어도 나의 영혼은 「월광곡」의 세계 안으로 빠져들어가게 되었는데, 그 빠져들어 감이 나에겐 더 소중했다. 그만큼 나는 누구도 못 말리는 막무가내의 소년이었다.

마침내 피아노 위에 나는 내 손을 얹고 왼손의 옥타브와 오른손의 첫 세 음을 소리내기에 이른다. 내가 누르는 건반으로부터, 내 가슴에 불을 붙게 한 그 소리가 나왔다. 이런 경우 무슨 말을 사용해야 할지 나는 모른다. 내가 누르는 건반에서 내가 꿈에도 그리던 그 소리가 나오는 순간, 나의 심장은 멎었다. 말 그대로 미칠 것 같은 감동의 세계를 접하게 되었다. 내 귀는 「월광곡」에 익숙해질 대로 이미 충분히 익숙해져 있었기 때문에 내 손이 더이상 움직이지 않아도, 그러니까 시작 부분의 세 음만을 내고서도 그 다음의 소리가 내 마음속에서 울리고 있었다. 다시 말해서 나는 첫 세 음만을 누르면서, 그 다음의 소리를 상상으로 들으면서 무한한 감동의 순간을 맛보기 시작했다. 곡 전체를 쳐낼 기량이 없었던 나는 「월광곡」의 시작 부분의, 그 기막힌 세 음을 수 없이 되풀이해서 쳤다. 그러면서 「월광곡」 전체를 마음속에서 음미하곤 했다. 남은 나를 보고 미친놈이라고 웃었을지 모르나 미친놈이라고 하는 것은 남들의 사정이었지 나의 사정은 아니었다. 물리적 소리는 그 첫 세 음이었지만 내 마음 안에서 일어나는 음악적 의미는 「월광곡」 전체였다. 비록 잘 '그려진 감동'을 만들지는 못했지만 예술의 뿌리인 '그냥 감동'이라는 이름의 타는 불, 그 불은 내 마음 안에서 활활 타기 시작했다. 중학교 2학년 때부터 타던 그 불이 지금도 남몰래 타고 있음은 말할 나위가 없다.

잘 '그려진 감동'이 우리 인간에게 소중한 것이 사실이긴 하지만 나는 이러한 이유로 '그냥 감동'이 더 소중하다는 생각을 할 때가 많다. '그려진 감동'의 존재 이유는 '그냥 감동'의 소생과 직결되어 있다는 것은 새삼 다시 언급할 필요조차 없지 않은가.

우리는 예술계라든가 교육계라는 식의 여러가지의 '계(界)' 안에서 살고 있다. '그려진 감동'을 만드는 사람들만이 판을 치는 그런 계가 아닌, '그냥 감동' 자체를 소중히 여기는 계에 대한 생각을 나는 평소에 많이 한다. 지상의 어느 한곳에서라도 좋다. '그냥 감동'의 가치를 더 소중히 여기는 사람들끼리 모여서 사는 동리가 우리 주변에 단 한곳만이라도 있길 나는 바란다.

세계 음악 지도와 우리의 음악

세상에 몇가지 종류의 언어가 있을까. 언어의 분포도를 한눈으로 볼 수 있게 하는 세계 언어 지도 같은 것을 그린다고 해보자. 같은 언어를 사용하는 지역과 다른 언어를 사용하는 지역에 각각 서로 다른 색깔을 칠한다고 해보자. 세계 언어 지도에는 참으로 다양한 색깔이 칠해질 것이다.

세계 음악 지도인 경우는 어떻게 될까. 우리나라에는 어떠한 색깔이 칠해질까. 우리만이 가지는 한국어가 있듯이, 우리만이 가지는 음악적 모국어가 있다면, 세계 음악 지도 위의 한국은 어떠한 색깔을 가질 것인가.

장음계 단음계는 평조 계면조와 본질적으로 다르다. 서로 다른 음악 재료이다. 영어와 한국어가 본질적으로 다른 언어 재료인 것과 같다.

음악 재료는 일종의 물(物)에 해당된다. 심(心)과는 상관이 없이, 독립적으로 외계에 존재하고 있는 물(物)이 음악 재료이다. 피아노 소리는 심(心)일 수 없다.

음악을 할 수 있는 사람과 할 수 없는 사람이 있는데, 음악을 할 수 있는 사람은 음악심(心)을 가지고 있고, 음악을 할 수 없는 사람은 음악심을 가지고 있지 않다. 음악심은 저절로 생기는 것이 아니다. 음악물(物)과의 접촉에 의해서 생긴다.

장음계가 물(物) 역할을 하면 서양음악적 심(心)이 생기고, 계면조가 물(物) 역할을 하면 국악적 심(心)이 생긴다. 위에서도 언급했지만 음악물과의 접촉 없이 음악심은 생기지 않는다.

있었던 혹은 있는 음악이라는 말이 있다. 여기서 있다라고 할 때의 그 있음은 무엇을 뜻하는가. 음악의 있음이라기보다 필자는 음악을 만들고 있는 재료의 있음을 뜻하는 것이라고 생각한다. 우리가 서양음악과 전통음악이라는 단어를 통상적으로 사용하고 있는데, 통상적 언어가 될 때에는 음악을 지칭하는 것보다 그 음악을 있게 하는 재료를 지칭하고 있다는 사실을 인식해야 한다. 이 때문에 서양음악이 우리를 지배한다는 말은 서양음악 재료가 우리를 지배한다는 말로 이해해야 한다. 재료는 물(物)이니까, 서양심이 우리를 지배한다기보다 서양물(物)이 우리를 지배한다고 보아야 한다. 물(物)의 지배는 문화적 지배라기보다 경제·사회·정치적 지배와 상관된다. 이러한 의미로 음악적 지배는 결국 정치 사회적 지배현상을 낳기 때문에 우리는 어느 누구에게도 지배받지 않는 우리 고유의 우리 음악을 창조해내야 한다. 문학의 경우는 모국어가 우리에게 주어진다. 그래서 외국어라는 문학의 재료가 우리를 지배하고 있는 것은 아니다. 그러나 음악의 경우는 서양음악 언어 즉 서양음악 물(物)이 우리를 지배하고 있다. 우리에게 우리 고유의 재료가 없기 때문이다. 음악적 모국어가 없기 때문이다. 우리 모두가 생활음악 언어로 사용하고 있는 모국어 말이다. 국악언어는 생활언어가 아니다. 우리 모두가 생활 속에서 한국어를 사용하고 있는 것과 같은 성질의 것이 아니다. 특정 재료가 우리를 지배한다는 말은 그 재료를 생산하는 종주국으로부터 삶을 지배받는다는 뜻이다.

우리 음악은 어떻게 가능한가. 우리 음악을 가치있게 생각하는 심(心)이 무엇보다 중요하다. 그런데 이 심(心)은 우리 음악을 낳게 하는 물(物) 없이는 불가능하다. 이 때문에 우리 음악은 우리의 물(物)의 창조에서 비롯된다는 사실을 알아야 한다. 우리의 시인에게 한국어가 모국어로 주어지듯이, 우리의 음악인에게 음악적 모국어가 물(物)로서 주어져야 한다.

그러니까 우리의 물(物)을 만들고 싶은 마음이 있어야 한다. 물론 혼자 만드는 것이 아니다. 모두의 마음이 역사 안에서 만들어야 한다. 조성 형성의 과정을 보라. 누구 한 사람이 만든 것도, 하루아침에 만들어진 것도 아니다. 십년 이십년 단위가 아닌 세기의 단위 안에서 만들어진 것이 조성이다.

물론 물(物)의 창조가 가능하다고 해서 우리의 음악이 자동적으로 탄생되는 것은 아니다. 그 물(物)을 다룰 수 있는 기법적 성숙도가 요청된다. 모국어만 있다고 해서 시인이 되는 것은 아닌 것과 같다. 한국인 모두에게 모국어라는 문학의 재료가 주어짐에도 불구하고 그 재료를 엮어서 문학적 내용을 담을 수 있는, 언어로 된 그릇을 만드는, 능력이 없기 때문에 모두가 시인이 되지 못하고 있는 것이 아닌가. 음악적 모국어에 의한 음악적 내용이 담길 수 있는 음악 그릇 없이는 우리의 음악은 창조될 수 없다.

그 다음에는 음악적 내용의 속성에 대한 옳은 인식이 있어야 한다. 대중음악에서 풍기는 내용이 있는가 하면, 서양의 재즈음악에서 풍기는 내용이 있다. 서양 고전음악에서 풍기는 냄새가 있는가 하면 국악에서 풍기는 냄새가 있다. 이 모든 냄새들은 우리 마음의 형성과정에서 특정 기능을 하고 있다. 나태한 마음, 퇴폐적 마음, 비생산성을 조장하는 마음, 깨어 있기보다 마냥 자고 싶기만 하는 마음 등, 우리 마음의 속성 형성에 서로 다르게 작용한다. 모국어로 된 음악, 알맞은 그릇에 담긴 음악이라고 해도 그 음악이 우리의 마음을 나쁘게 만드는 일에 기여하는 음악이라면, 나는 그 음악을 우리의 음악으로 생각하지 않는다. 우리 모두의 삶을 복되게 하는 일에 기여하는 음악이 될 때 나는 우리의 음악이라고 생각한다. 어떤 음악이 그러한 음악인가. 아무도 모른다. 그러나 그러한 음악이 있어야 한다는 마음이 중요하다. 그 마음이 우리 모두의 마음이 되는 것이 중요하다. 그러면 조성이 역사 안에서 세기를 단위로 형성된 것과 같이 언젠가는 우리나라에도 모국어, 옳은 그릇, 옳은 내용 모두를 담고 있는 우리의 음악이 탄생되리라 믿는다. 우리가 베토벤, 쇼팽을 즐기듯이 서양인들도 우리의 음악을 즐길 날이 있으리라고 믿는다.

쇼팽

　멀리서 손짓을 한다. 이름을 밝히지 않는다. 음악의 손짓이다. 희미한 팔이 흐느적거린다. '소리 팔'이다. 똑같은 짓을 반복한다. '팔' 안에 건반을 만든 후, 조용하게 때에 따라서는 시끄럽게 오르내린다. 어떤 때에는 급하게, 다른 어떤 때에는 아주 느리게 오르내린다. 이름을 밝히라고 고함을 치면 건반 뒤로 숨어버린다. 사라져버렸는가 싶으면, 다시 흐느적거리는 '소리 팔'이 보이기 시작한다. '소리의 몸체' 같은 것은 없다. 그러면서 쇼팽의 피아노 음악은 계속된다.
　쇼팽은 어디로 가고 싶은 것이 분명하다. 창밖 나무 너머에 있는 저쪽 동리에 가고 싶은 것 같지는 않다. 구름 너머에 있는 낯선 마을로 내려가고 싶은 것 같지도 않다. 그러나 어디 있는지 모르는 세상으로 가고 싶은 것이 확실하다. 그리움이라는 단어가 좋은 모양이다. '소리 팔'은 흐느적거리면서 그리움이라는 단어가 살고 있는 나라 쪽을 향해서 끝없는 손짓을 한다.

   음악의 손짓은 참으로 아름답다. 사람을 울게 하는 힘을 가지고 있다. 삭막한 세상은 울음을 용납하지 않는다. 남자의 눈에 고이는 핑 도는 눈물의 순간성을 귀중히 여기던 시대도 있었다던데, 요즈음 세상은 울음을 용납하지 않는다.

   나는 음악이 좋다. 음악을 들으면 기뻐지기도 하고 슬퍼지기도 한다. 이유없이 울고 싶어질 때가 있다. 나에겐 이 울음이 문제다. 내가 울면 남이 비웃는다. 남이 비웃을 뿐만이 아니라 세상이 비웃는다. 음악을 숨길 수는 없고, 별수없이 나는 내 스스로의 울음을 숨겨야 한다. 우는 마음을 가지지 말든지, 우는 마음을 용납하는 세상이 생기든지 했으면 싶다. 울고 싶을 만큼 쇼팽 피아노 음악이 아름다우니 나에겐 어떤 다른 방법이 없다. 문화의 꽃에 울음의 꽃이 섞여 있어야 한다는 생각을 버리지 못한다. 문화민족이 삶을 영위하는 공간에 사람의 마음을 닮은 것이 있다면 그것이 울음이든지 무엇이든지간에 꽃이 되어야 한다는 생각뿐이다.

무엇으로 음악을 해야 하나

　노래를 좋아하는 사람이 많다. 노래에는 '말'과 '음'이 관여된다. 말은 문학, 음은 선율과 관련이 있다. 나의 경우 노래를 좋아한다는 말은 노랫말 즉 문학을 좋아한다는 뜻이 아니라 순수한 음향 현상인 선율을 좋아한다는 뜻이다. 문학이 아니라 선율이 음악이라는 뜻이다.
　음악은 문학과 다르다. 그런데 성악을 음악이라고 해놓은 후 곰곰이 생각해보면 음악이라는 말의 의미는 그 의미가 꼬인다. 기악과 성악을 모두 음악이라고 일컫는 것은 사실이다. 기악의 경우는 음악 전체가 순수한 음향으로 이루어진다. 그러나 성악의 경우는 음악의 반쪽이 가사 즉 노랫말로 이루어진다. 어떤 사람의 경우는 선율보다 노랫말이 좋아서 노래 즉 음악을 사랑한다고 한다. 말하자면 기악음악이 아니라 성악음악을 좋아하는 이유는 순수한 음향 현상인 선율의 의미를 좋아해서가 아니라 노랫말의 의미 즉 문학적 의미를 좋아하는 것과 상관된다. 말은 음악을 좋아한다고 하고 있지만 사실은 문학을 좋아하고 있는 것과 같다. 문학이 목적이고 음악은 수단이 되는 것과 같다.

노래를 만들 때, 선율을 먼저 만들어놓고 그 선율의 의미에 적합한 노랫말을 만들지는 않는다. 노랫말이 먼저 만들어져 있고 그 노랫말의 의미에 적합한 선율을 만드는 것이 작곡가가 보통 하는 작업의 순서다. 이 말은 무슨 뜻인가. 선율 만듦의 목적은 노랫말의 뜻에 맞아야 한다는 것이다. 이는 또 무슨 뜻인가. 노래의 목적은 노랫말이 가지는 의미의 음악화를 뜻하게 된다. 말하자면 문학이 목적이요 선율(즉 음악)은 수단이 된다는 뜻이다. 기악의 경우는 음악이 문학의 수단이 되는 것은 아니다. 위에서 문학이 목적이고 음악은 수단이 되는 것과 같다는 말이 이 때문에 생길 수 있다.

말의 의미는 확실하고 음의 의미는 상대적으로 애매하다. 이 말은 노랫말이 관여되는 성악의 의미는 가사 때문에 그 의미가 확실하고 기악의 의미는 상대적으로 애매하다는 말이 된다. 음악의 의미를 옳게 이해하는 사람에게 기악의 의미는 애매한 것이 아니다. 모호한 의미 같아 보이지만 기악의 의미는 확실하고 분명하다. 그래서 음악의 의미를 옳게 이해하는 사람에게 기악의 의미가 애매하다고 말하면 말이 되지 않는다고 한다.

말은 정상적인 사람이 상대하는 것이고, 음은 벙어리 같은 사람이 상대하는 것으로 비유되기도 한다. 벙어리의 입에서 음은 만들어질 수 있으나 말은 만들어질 수 없다. 정상적인 사람이나 벙어리나 마음속에 생각과 느낌은 있다. 이 생각과 느낌은 말로 표현될 때 그 의미가 분명해진다. 음으로 표현되면 너무나 애매하다. 중얼거림에 불과한 것이 된다. 벙어리 냉가슴의 뜻을 우리가 모르는 것과 같다. 벙어리 냉가슴의 의미라고 해도 아는 사람은 안다 라는 말이 가능하다면, 기악의 의미는 벙어리 냉가슴이 안고 있는 애매하지만 분명하고도 깊은 아픔 같은 것과 상관된다. 또 그 아픔을 아는 사람은 알게 되는 그러한 의미다.

그런데 역사적으로 음악과 상관되는 질문 중에 중요한 질문이 있다. 음악은 말로 해야 하나, 음으로 해야 하나라는 질문이 그것이다. 역사적으로 기악보다 성악이 먼저 생겼기 때문에 처음 음악이 생겼을 때에는 말로 음악을 했다. 말의 의미를 옳게, 더 분명하게, 더 뜻있게, 표현하기 위해서 음을 수단으로 빌려왔다. 그런데 기악이라는 것이 뒤늦게 탄생하게 되고 그 기악이 다른 요인 즉 시 같은 요인에서 해방됨으로써 기악해방을 부르짖고 자율성을 주장함으로써 드디어 음악은 말로 하는 것이 아니라 음으로 하는 것이다라는 생각이 통념화되는 시대를 맞게 되었다. 그뒤부터 음악은 음으로 한다는 생각이 중요하게 대두되었다. 그래서 오늘날에도 음악에 대해서 심각하게 생각하는 음악 철학자들의 관심은 '무엇으로 음악을 해야 하나'라는 질문이다.

지금까지의 이야기를 다시 풀어보자.

우리는 음악이라는 말을 자주 사용한다. 그런데 우리가 사용하고 있는 음악이라는 말의 의미는 과연 무엇인가. 이렇게 묻는 이유는 음악에 관여되는 요인 때문이다. 우리가 음악이라고 말할 때의 그 음악에는 기악과 성악이 있는데, 성악의 경우 그것을 음악이라고 일컫기는 하지만 음만이 아닌 말이 관여되고 있기 때문에 음악은 무엇으로 하는가라는 질문을 던졌을 때 문제가 쉽게 해결되지 않는다. 음악은 말로 하는가, 음으로 하는가라고 물으면 그 문제가 복잡해진다는 뜻이다. 성악은 말과 음이 모두 사용되나, 기악은 음만이 사용된다.

말의 의미는 하나가 아니다. 영어로 말한다 혹은 독일어로 말한다라고 할 때의 말의 의미는 음악으로 말한다 혹은 몸짓으로 말한다라고 할 때의 말의 의미와 그 뜻이 다르다.

음악으로 말한다 혹은 몸짓으로 말한다라고 했을 때의 말은 마음속에 있는 것을 겉으로 표현한다라는 뜻이다. 음으로 표현하느냐 말로 표현하느냐라고 물을 수 있는데, 말로 표현한다라고 했을 때의 말이라는 의미는 표현 수단의 하나인 언어가 된다. 이 때는 표현한다라는 뜻이 아니다. 음악은 무엇으로 하는가. 말로 하는가, 음으로 하는가라고 물었을 때의 말이나 음은 음악의 수단이다.

사람들은 여러가지의 주장을 한다. 그 주장 중에 음악은 말로 하는 것이어야 한다라고 하는 주장과 음으로 하는 것이어야 한다라고 하는 주장이 있다. 이 주장은 음악의 본질 이해와 중요한 관계를 가진다. 역사적으로 보면 음보다 말을 더 중요시한 음악가가 있었고, 말보다 음을 더 중요시한 음악가도 있었다. 음과 말을 통일시키려 한 음악가도 있었다. 이 모두는 음악은 무엇으로 하는가, 무엇을 해야 하는가라는 질문에 대한 자기 방식의 답이 있었다는 뜻이다. 위에서 언급된 '무엇으로 음악을 해야 하나'라는 질문의 중요성을 인식하지 않고서는 음악의 본질에 접근할 수 없음을 알아야 한다.

내가 읽은 음악책들

 인간의 감각 중에서 가장 소중한 것이 나에겐 귀였다. 어렸을 때부터 음악밖에 몰랐고 그래서 귀만이 소중했다. 눈은 나에게 있으나마나 한 것이었다. 길을 걸으면서 음악을 생각하면 눈앞에 보이는 장애물을 보지 못하기도 한다. 걸려서 넘어지기도 하고 눈앞을 막는 장애물과 부딪쳐 다친 적도 있었다.
 그러던 내가 변했다. 폐결핵을 앓고난 뒤부터 나는 딴사람이 됐다. 대수술을 받은 후 병상에서 소설을 읽고 나는 문학을 만났다. 소설에서 받은 감동은 참으로 놀라운 것이었다. 음악이 주는 희열과는 성격이 근본적으로 다른, 그리고 음악은 도저히 해줄 수 없는 일을 문학이 나에게 해주었다. 눈 안으로 들어오는 소설 속의 문자들은 음악에서 들리는 낱낱의 소리 이상으로 귀중하게 느껴졌다. 그동안 있으나마나 한 것으로 여겨졌던 눈이 나에게 참으로 소중하게 느껴졌다. 괴테의 『젊은 베르테르의 슬픔』, 지드의 『좁은 문』, 헤쎄의 『데미안』, 스땅달의 『적과 흑』, 도스또예프스끼의 『죄와 벌』, 똘스또이의 『전쟁과 평화』, 『삼국지』『수호지』, 에드가 앨런 포우와 오 헨리의 단편들을 읽었다. 문학에 눈을 떴을 때 내 주변에 있던 책들은 많았다. 나는 그것들을 손에 잡히는 대로 읽었다.

 음악과 문학, 이 둘을 모두 좋아하게 된 후부터 나는 음악과 문학을 결합시키고 싶었다. 그래서 결국 나는 음악에 관한 언급학(言及學)을 하게 된다. 음악을 혹은 음악에 대해서 가장 옳은 언급을 하게 하는 학(學)이 음악언급학(音樂言及學)이다. 작곡을 한다든가 연주를 하는 일과는 상관이 없으나, 그것들과 관련해 그것들에 대한 언급(言及)을 나는 가장 정확하게 하고 싶었던 것이다.

 나는 미국 유학의 길에 올라 음악문헌이라는, 음악학의 한 영역을 공부하게 된다. 음악문헌 공부는 나의 인생을 바꾼다. 음악문헌은 일종의 음악사다. 양식 위주의 음악사라기보다 악곡 위주 음악사로 이해하면 된다. 음악문헌 공부를 하기 전까지 나에게는 악보, 악기, 건축 등이 필요했다. 소리와 상관되는 것이 아닌 책은 중요하게 인식되지 않았다. 음악문헌 공부의 성격은 전혀 달랐다.

 불행히도 내가 처음 읽은 음악문헌 책은 한국어로 된 것이 아니었다. 한국어로 씌어진, 쓸 만한 음악책은 거의 없었다. 지금도 그렇지만, 나의 청년시절에는 더욱 없었다. 내가 처음 읽은 책은 영어로 된, 훠거손의 『음악사상사』였다. 중세, 르네쌍스, 바로끄, 고전, 낭만, 현대에 이르기까지 서양음악이 변천해온 과정을 서술해놓은 책이었다. 모국어로 된 책을 읽었다고 해도 완전한 이해가 어려웠을 내용이었다. 영어로 된 그 책을 반쯤밖에 이해하지 못하면서도 나는 그 책을 읽으면서 천만가지의 생각을 했다. 그동안 음악에 대한 내 생각이 얼마나 잘못된 것이었던가를 뉘우치게 되었다.

그 다음에 읽은 책이, 우리나라에도 널리 알려진 헤이든의 『음악학개론』이었다. 음악을 혹은 음악에 대해서 옳게 언급하고 싶은 사람에게 입문서로 정평이 나 있는 책이다. 초보적 지식을 제공하는 책이라고들 말하고 있지만, 참으로 옳게 이해하려면 쉽게 읽히는 책이 아니다.

어떠한 음악책을 읽더라도 그 옆에 참고서로 두어야 할 두 권의 사전 역시 나에겐 귀중했다. 하바드 음악사전과 베이커즈 음악사전이 그것이었다. 전자는 음악용어사전이며 후자는 음악가에 관한 사전이다. 하바드 음악사전은 단순한 용어사전 이상의 역할을 한다. 음악적 지식을 상당부분 다루고 있다.

음악 관련 책은 과연 몇권이나 될까. 커다란 4층 건물 도서관에 꽉 채워도 남을 정도의 음악책이 외국에는 있다. 음악학 관련 책만 해도 셀 수 없이 많다. 음향학, 음악심리학, 음악생리학, 음악인류학, 음악사회학, 음악역사학, 음악교육학, 음악미학 관련 책 등, 그 종류는 많다. 화성법, 대위법, 음악형식, 관현악법 관련 책도 수없이 많다. 그중에서 기본서 몇권만 소개하기로 한다.

수없이 많은 화성법 책 중에서 쇤베르크의 『화성이론』을 추천하고 싶다. 화성법 책을 읽어도 작곡에는 도움이 되지 않는 것이 많다. 작곡이나 음악 본질 이해에 도움을 준다기보다 화성법 교수들에게 좋은 점수 얻는 일에 도움을 주는 화성법 책들이 많다. 이에 비해서, 쇤베르크의 『화성이론』은 음악의 본질 이해와 작곡의 생리 이해에 도움을 준다. 대위법 책으로는 훅스의 『파르나소스로 향하는 단계』를 추천하고 싶다. 베토벤도 이 책으로 대위법을 배웠다고 한다. 음악형식 책으로는 베리의 『음악형식』을 강력히 추천하고 싶다. '형식은 소리를 붙이는 풀이다'라고 쓰고 있는 베리의 이 책은 음악 형식의 본질을 이해하게 하는 결정판이다. 유학시절에 베리 교수에게 직접 이 책으로 음악형식을 배운 것은 행운 중의 행운이다. 여기서 음악책 전부를 소개할 수는 없다. 그러나 메리엄의 『음악인류학』, 네틀의 『종족음악의 이론과 방법』은 음악을 문화인류학적 시각으로 보게 하는 책이다. 음악학적 시각에서 볼 때와 문화인류학적 시각에서 볼 때 음악의 의미는 사뭇 달라진다. 이 사실을 이해하는 것이 음악의 본질 이해에 도움을 준다.

음악교육학의 새로운 지평을 연 토머스의 『엠엠씨피』, 음악소질 문제의 대가 고든의 『음악학습의 단계』 같은 책 역시 해당분야에서 귀한 책이다. 아도르노의 논문 「음악분석의 문제들」 혹은 그의 저서 『음악사회학』과 『신음악철학』 같은 책 역시 음악을 혹은 음악에 대해서 언급을 정확히 하려면 읽어야 할 책들이다.

한국어로 된 음악책으로는, 부끄럽지만 필자의 책을 소개할 수밖에 없다. 위에 열거된 책의 내용을 나 나름대로 소화해서 만든 몇권의 책이 있는데, 『음악의 이해』 『음악의 방법』 『열린 음악의 세계』『한국음악학』『음악적 모국어를 위하여』『음악선생님을 위하여』 등이 그것이다. 이 순간에도 책은 문학만의 것이 아니라 음악의 것이기도 하다는 사실을 나는 굳게 믿고 있다.

차이꼬프스끼와 핑 도는 눈물

　차이꼬프스끼 음악을 들으면 나는 운다. 겉으로 우는 것이 아니라 눈동자 안에 핑 도는 눈물 자국을 남긴다. 핑 도는 눈물의 순간성은 어렸을 적이나 지금이나 나에게 귀중하다.
　차이꼬프스끼 음악을 듣고 어떤 때에 나는 모든 생각을 중단한다. 그냥 술에 취하고 싶다. 비에 젖고 싶다. 선율이 너무나 아름답고 달콤하다. 천만가지 생각을 하게 된다. 무엇을 잡고 싶은데, 그것이 이 세상에 없음을 알게 된다. 음악을 통해서 있어지는 그 무엇을 잡으려고 내 마음의 손은 허공으로 뻗는다. 소용이 없다. 아무리 뻗어도 잡히는 것이 없다. 그래도 음악은 멀리서 계속 나를 부른다. 마음은 벌써 저기에 가 있는데, 몸은 여전히 여기에 묶여있다.
　무엇일까. 음악이 낳는 힘의 정체는 무엇일까. 음악이 흐르는 순간에 소리의 움직임이 있게 되고, 소리의 움직임이 있게 되면 내 마음이 움직인다. 소리 움직임의 모양새와 닮은 내 마음의 움직임이 이 세상에 탄생하는 순간에 불가사의한 힘은 발생된다. 육체를 관장하는 '여기', 이 땅에 몸을 묶고, 정신을 다스리는 '저기', 먼 하늘에 마음을 푸는 무서운 힘이 발생된다. 소리의 모양새와 마음의 모양새가 만나는 순간에 탄생되는 이 힘 때문에 나는 음악을 사랑한다.

차이꼬프스끼의 음악을 두고 값싼 멜랑꼴리를 창출하는 유치한 음악이라고 비웃는 사람이 있다. 생각하기에 따라 이해가 될 만한 비웃음이다. 선율이 너무나 달콤하기 때문에 명곡이라기보다 유행가적 성격을 띤다고 생각할 수 있다. 그러나 나에게 차이꼬프스끼는 여전히 위대한 작곡가다. 그의 음악은 나를 각성시키지는 못한다. 그러나 언제나 나에게 핑 도는 눈물의 순간성을 맛보게 한다.

핑 도는 눈물과 상관이 없는 음악도 이 세상에 많다. 브람스 음악은 차이꼬프스끼의 그것과 무척 다르다. 나는 브람스를 어떤 면에서는 차이꼬프스끼보다 더 좋아한다. 차이꼬프스끼는 브람스 음악을 두고 맛이 없는 음악이라고 쓴 적이 있다. 브람스를 좋아하지 않은 차이꼬프스끼를 내가 좋아한다는 것은 그러니까 이상한 일이다. 그러나 나는 이 이상한 일을 문제삼지 않는다. 그들이 서로 다른 것은 그들의 문제이다. 나에게 귀중한 것은 차이꼬프스끼가 제공하는 감동의 순간일 뿐이다.

'소리 셋'의 이야기

하늘에 사는 소녀는 땅에서 살고 있는 소년을 그리워하고 있었다. 소녀는 땅으로 세 가지의 소리를 선물로 내려보냈다. 다른 소리를 내려보낼 때까지 세 가지의 소리만을 가지고 놀라고 소녀는 소년에게 말했다. 소년은 소녀의 말을 따랐다. 하루 종일 소리 셋을 가지고 놀았다. 셋 이상의 소리를 가질 수 있다면 더 재미있게 놀 수 있을 것이라고 소년은 생각했다. 그러나 소년은 소녀가 말한대로 소리 셋만을 가지고 놀았다.

소리 셋과 더불어 얼마 동안을 놀았는지 모른다. 눈을 뜨고 있을 때에만 논 것이 아니라 잠을 잘 땐 꿈에서도 놀았다. 소년은 소리 셋으로만 노는 일에 지쳤다. 지친 나머지 곤한 잠을 자게 되었다. 꿈속에서 하늘로부터 소녀의 목소리가 들렸다. 피아노 건반을 눌러보면 88개의 소리가 있을 것이다. 그 88개의 소리 중에서 그동안 놀았던 소리 셋과 닮은 피아노 음이 있을 것이다. 소리 셋과 닮은 피아노 음을 찾아보라는 소녀의 말이 들렸다. 소년은 잠에서 깨어 황급히 피아노 뚜껑을 열었다. 소리 셋과 닮은 피아노 음을 찾으려고 88개의 피아노 음 전부를 소리내어보았다. 많은 노력 끝에 소년은 그 소리를 찾았다. 찾아놓고 보니 '도' '미' '솔'이라는 소리였다. 소년은 물론 그 소리의 이름은 몰랐다. '도' '미' '솔'이라는 것은 지상의 어른들이 그 소리에 붙인 이름이었을 뿐이다. 소년에게는 이름보다 소리 그 자체가 더 중요했다. 소녀가 준 선물은 이름이 아니라 소리 셋이었기 때문이다. 소녀가 준 소리 셋과 소년이 찾은 피아노 음 셋이 닮은 것을 발견한 소년은 기뻤다. 하늘에서 사는 소녀도 기뻤다. 하늘에서는 땅에서 이루어지는 일이 모두 보이기 때문에 소녀는 소년이 하는 일을 언제나 지켜볼 수 있었다.

　음악에서 가장 중요한 음이 이 세 음이라고 소녀는 소년에게 말했다. 소녀는 이 세 음만을 가지고 여러가지의 노래를 만들어보라고 소년에게 말했다. 소년은 소녀의 말대로 했다. 처음에는 '도' '미' '솔'이라는 노래를 만들어보았다. '미' '솔' '도'라는 노래도 만들어보았고, '솔' '미' '도'라는 노래도 만들어보았다. 이 세 음만을 가지고도 벌써 세 가지의 다른 노래가 만들어질 수 있음을 알았다. 다음에는 '도 도' '미 미' '솔'이라는 노래를 만들어보았다. 이 노래 역시 이 세 음만을 가지고 만든 노래이니까, 소년은 소녀의 말대로 그동안 노래 만드는 놀이를 했던 것이다. 말하자면 음악의 기본에 접근을 했던 것이다. 다음에는 '도' '미' '솔'이라는 세 음의 길이를 길게도 해보고 짧게도 해보니, 훨씬 더 재미있는 노래가 만들어진다는 것을 알았다.

　소녀는 소년에게 베토벤이라는 위대한 음악가가 만든 영웅교향곡을 들려주었다. 한두 번 들려준 것이 아니라 여러번을 들려주었다. 소년의 귀에서는 영웅교향악이 모두 기억이 되었다. 기억이 되지 않는 음악에는 뜻이 생기지 않는다는 사실을 소녀는 알았다. 그래서 소녀는 소년의 기억을 도우려 여러번을 반복해서 들려주었다. 소년은 영웅교향곡이 어떻게 시작되는지를 기억하게 되었다.

　소녀가 소년에게 물었다. 영웅교향곡이라는 명곡의 시작이 어떠한 음으로 이루어져 있는가라고 물었다. 놀랍게도 소년에게 소녀가 내린 소리 선물이었던 그 '소리 셋' 즉 '도' '미' '솔'로 이루어졌다는 사실을 발견하게 되었다. '영웅'뿐만이 아니라 이 세상 대부분의 명곡들이 '소리 셋'으로 시작된다는 것을 발견했다. 물론 현대음악이나 중세 르네쌍스 음악이 아닌, 서양 고전음악의 경우가 그렇다는 단서가 붙기는 한다.

　소리 셋만을 가지고 놀기로 한 약속을 지키면, 다른 '소리 셋'을 선물로 주겠다고 소녀는 소년에게 말했다. 약속을 지킨 소년에게 이번에는 다른 소리 셋을 주었다. '솔' '시' '레'가 그것이다. 소년은 이렇게 해서 음악의 세계 안으로 깊게 깊게 빠져들었다.

기예 이론과 나쁜 미학

　작곡가나 연주가는 음악을 '음'으로 한다. 음악학자나 음악미학자 혹은 음악평론가 같은 사람은 음악을 '말'로 한다. 작곡가는 음악을 '그냥 하지만' 평론가는 음악에 대한 '글을 쓴다'.
　20세기가 낳은 세계적 작곡가 쇤베르크는 음악을 음으로 하는 전문가이기도 했지만 음악을 말로도 기막히게 잘한 사람이다.
　그가 쓴 책 중에 『화성이론』이라는 것이 있다. 지금도 대단한 값어치를 가진 책이다. 그 책에 쇤베르크는 '기예 이론'과 '나쁜 미학'의 개념을 소개하고 있다. 쇤베르크는 훌륭한 선생이기도 했는데, 그는 제자들에게 나쁜 미학을 가지기보다는 좋은 기예 이론을 터득하기를 권장하고 있다.
　나쁜 미학이라는 말의 참의미는 어설픈 생각이다. 확실하지도 않고 그래서 그것이 참으로 옳은지, 옳지 않은지도 모르면서, 그러나 자기의 고집 때문에 하나의 생각을 신념으로 간직하고 있는 사람들이 있는데, 그러한 사람들이 가지고 있는 생각은 어설픈 생각이다. 모든 인간이 그러하지만, 작곡가들 역시 예외없이 마음속에 어떤 생각을 가지고 있다. 생각이 작품을 낳는다. 조성 기법으로부터 탈피하는 것이 좋다는 생각을 하고 있는 작곡가는 그러한 생각에 의한 작품을 낳고, 서양 기법에 종속적으로 매달려 있는 것보다 국악 기법을 계승 발전시켜야 한다는 생각을 가지고 있는 작곡가는 그러한 생각에 해당되는 작품을 낳는다.

생각 중에는 참으로 옳은 생각이 있고, 위에서 언급한 바와 같은 어설픈 생각이 있다. 자기가 왜 그렇게 생각하게 되었는지에 대한 성찰은 하지 않은 채로, 악단 풍조가 현대 기법을 사용하라고 하니까 무조건 현대 기법을 사용해야겠다는 생각을 가진 사람이 있다면 그 사람은 어설픈 생각을 가진 사람이다.

작곡가는 절대로 어설픈 생각을 가져서는 안된다라고 쇤베르크는 제자에게 가르치고 있다. 생각하고 또 생각해서, 확실하고 분명할 뿐만 아니라 절대로 옳은 생각일 때 그 생각을 자기의 생각으로 가져야 한다고 가르치고 있다. 물론 옳은 생각을 가졌다고 해서 그 생각이 작품을 옳게 낳아주는 것은 아니다. 옳은 작품을 낳게 하는 옳은 기술이 필요하기 때문이다. 화성이론이나 대위법 내지 악식론을 철저히 공부해야 하는 이유가 여기에 있다. 쇤베르크가 나쁜 미학에 스스로 취해 있는 자기의 제자들을 경고하면서 무엇보다도 먼저 옳은 기술을 터득하라고 가르친 이유가 여기에 있다.

음으로 음악을 하든 말로 음악을 하든, 즉 작곡가를 원하든 평론가를 원하든, 음 혹은 말을 다루는 기예와 생각 모두가 동시에 훈련되어야 한다는 좋은 교훈을 쇤베르크의 말에서 배울 수 있다.

저절로 생기는 음악과 만들어야 생기는 음악

　사람들은 노래를 부른다. 노래를 부르려면 목소리를 내어야 한다. 목소리에는 두 가지 종류가 있다. 저절로 내는 소리와 만들어서 내는 소리가 있다.
　처음에는 누구나 소리를 저절로 나게 한다. 아름다운 소리를 내기 위해서 목줄에 힘을 일부러 준다든가 하는 일은 하지 않는다. 타고난 자기의 목소리대로 그냥 노래를 부른다. 높은 소리가 나지 않는 사람은 낮게 부르고, 큰 소리가 나지 않는 사람은 음량이 적은 대로 노래를 부른다.
　그런데 성악가가 되려는 사람의 경우는 다르다. 처음에는 물론 타고난 자기의 목소리를 사용한다. 말하자면 저절로 나오는 목소리로 노래를 부른다는 것이다. 저절로 나오는 목소리가 천성적으로 좋지 않은 사람은 성악을 하지 않는 것이 좋다.
　저절로 나오는 목소리의 차원에서 처음부터 소리가 좋은 사람의 경우라고 해도 성악가가 되려면 훈련을 받아야 한다. 소리내는 법을 피나는 노력으로 배워야 한다. 높은 소리가 나지 않는 사람은 높은 소리를 내는 법, 약한 소리가 나지 않는 사람은 약한 소리를 내는 법, 고음과 중음 사이의 음질이 고르지 못한 사람은 소리의 질을 고르게 내는 법을 배워야 한다. 물론 배워야 할 것은 이외에도 많다.

여기서 배워야 한다는 말은 저절로 나오는 목소리를 낸다는 뜻이 아니다. 배운 발성법에 의해서 만들어진 소리를 자연스럽게 낸다는 뜻이다.

소리는 음악의 수단이다. 좋은 소리를 내려고 하는 이유는 음악을 만드는 데에 필요한 좋은 수단을 얻기 위함이다. 이 말은 좋은 소리만을 얻었다고 해서 좋은 음악이 자동적으로 탄생된다는 뜻이 아니다.

소리의 경우뿐만이 아니라, 소리를 통해서 생기게 되는 음악의 경우도 마찬가지다. 저절로 생기는 음악과 만들어서 생기는 음악이 있다. 그러니까 음악의 소질 문제와 상관되는 것이다. 소질이 있는 사람은 음악을 저절로 생기게 하지만, 소질이 없는 사람은 저절로든 억지로든 음악을 생기게끔 하지 못한다.

그런데 문제는 여기서 끝나지 않는다. 소질이 있는 사람이라고 해서 무조건 음악을 만드는 일에 성공하지 않는다. 비록 소질이 있는 사람에게 음악이 저절로 탄생되는 능력이 있다고 해도, 그 능력을 훈련시키지 않으면 음악 만드는 일에 성공할 수 없다. 옳은 의미에서 음악은 저절로 생기는 것이 아니라 만들어야만 생기기 때문이다. 자기의 음악적 소질이 원하는, 음악의 내용을 남이 알아 듣게 형상화하는 능력이 있을 때 옳은 의미의 음악이 탄생되기 때문이다. 여기서 형상화라는 말의 의미가 중요하다. 형상화는 '저절로'의 개념이라기보다 '자연스럽게 모양지음'의 개념이라 할 수 있다. 모양지음의 개념은 말할 것도 없이 저절로가 아닌, 만듦의 개념과 상관된다.

성악가가 되려는 사람은 누구나 처음에는 저절로 나오는 소리를 사용하여 음악을 저절로 생기게 하려고 한다. 그러나 이 '저절로'의 개념에서 하루빨리 탈피해야 한다. 저절로가 아닌, '만들어서 내는 소리'를 사용할 줄 알아야 하고 그 소리를 통해서 자기의 음악을 만들 줄 아는 능력을 길러야 한다. 만들어서 내는 소리 내지 만들어서 생기게 되는 음악이, 저절로 나오는 소리 내지 저절로 생기게 되는 음악같이 보이도록 하는 원숙한 능력이 발휘될 때 우리는 인위성과 자연성을 구별할 수 없게 되는 것이다. 사람이 만든 것인데, 신이 우리에게 내린 선물 같은 자연스러운 음악이 우리 앞에 나타나게 되는 것이다. 이 모든 것이 '저절로'의 개념에서 벗어났을 때 가능하다는 사실을 모든 예술가는 인식해야 할 것 같다.

한국적 공연관습

　관습의 힘은 세다. 공연예술과 관계되는 한국적 관습의 힘 역시 세다. 새로운 관습의 창조는 언제나 필요하고 또 가능함에도 불구하고 새로운 관습의 창조에 관심을 가지는 사람은 적다.

　한국적 공연관습이라고 하는 것은 공연의 시작시간이 밤 7시 30분이라는 것과 관련된다. 어떤 공연은 밤 8시부터이고, 어떤 공연은 오후 3시나 4시에 한번 하고 그날 밤에 다시 같은 공연을 하는 경우가 있다. 그러나 한국적 공연관습은 결국 밤과 관련된다.

　언젠가 독일의 자르브뤼켄이라는 도시를 방문한 적이 있다. 독일의 저명한 음악가 한스 젠더를 만나기 위해서였다. 그 당시 나는 KBS 교향악단 총감독직을 수행하고 있었고, 한스 젠더를 KBS 교향악단의 객원지휘자로 초청하고 싶었다.

　젠더의 객원지휘 초청 일을 성공적으로 마친 후 그의 집에 초대되었다. 초대되어서 식사를 한 것이 어느 토요일로 기억된다. 젠

더는 그 당시 자르브뤼켄 교향악단 상임지휘자였다. 식사 도중 그는 다음날에 있을 자기의 음악회에 초대한다고 했다. 그리고 식사가 끝날 무렵 "그럼 내일 아침에 보십시다"라고 말했다. 나는 내일 아침에 보자는 말에 의아심을 품고 무슨 일이 있기에 나를 아침에 보자느냐고 물었다. 그랬더니 음악회 초대에 응하겠다고 말하지 않았느냐는 것이다. 결국 음악회의 시작시간이 아침 11시라는 것을 알게 되었다.

독일의 음악회 관습은 우리와 달랐다. 밤만이 아니라 아침에도 음악회를 했다. 일요일 아침에 교회를 가지 않는 사람은 좋은 음악을 들으려고 음악회장을 찾았다.

밤에만 공연을 해야 하는 이유는 어디에 있는 것일까, 사람이 잘 살기 위해서 공연시간이 있는 것일까, 공연시간 때문에 사람의 삶이 있는 것일까, 한국적 공연관습을 재검토할 필요는 없을까, 밤에 일하는 사람에겐 공연예술이 무슨 소용이 있을까라는 생각이 들었다. 조조 할인이라는 영화관은 있다. 조조 할인이라는 공연장은 왜 없는가. 생각하기에 따라 삶의 방식은 얼마든지 바뀔 수 있다. 공연시간 개념도 예외일 수 없다. 새로운 관습의 창조자가 탄생될 때 우리의 삶은 더욱 풍요로운 길로 가지 않을까 생각했다.

평시조, 편락, 그리고 춘향가를 기리며

나는 양악으로 음악을 시작했다. 슈베르트의 가곡이 주는 음악의 즐거움에 넋을 잃었고, 피아노를 배우고부터는 피아노 소리 그 자체의 아름다움에 넋을 잃었다.

한 세월이 흘렀다. 서양의 현대음악과 국악에 눈을 뜨기 시작했다. 베토벤이나 슈베르트의 음악 어법인 조성(調性)의 생리와 다른, 국악에서 처음에는 큰 의미를 찾지 못했다. 그러던 필자가 그것에서 심오한 의미를 찾게 되자 세상은 변했다. 필자의 음악관이 근본적으로 바뀌었다.

나는 슈베르트의 가곡 못지않게, 우리의 전통음악 문화유산을 귀하게 생각하기 시작했다. 세상에 내세우고 싶은, '음으로 된 문화유산'이 하나 둘이 아니라는 것을 알게 되었다. 특히 "청산리 벽계수야"로 시작되는 '평시조', "나무도 바위도"로 시작되는 만년장환지곡 중의 하나인 '편락', "술상 채리오"로 시작되는 판소리

「춘향가」의 한 대목은 나를 심하게 뒤흔들었다.

넋을 잃는다는 말은, 그런 말이 있다는 것이지 실제로 그렇게 되기는 쉽지 않다. 그러나 필자는 좋은 음악 때문에 자주 넋을 잃었다.

바람소리, 빗소리, 가야금 소리, 피아노 소리, 사람 목소리, 소리의 종류는 많다. 인간은 누구나 소리의 특성을 구별할 줄 안다. 청각 장애가 없는 한, 인간이면 예외없이 소리를 듣고 그 소리의 특성을 안다.

그런데 소리 중에는 특별한 소리가 있다. 사람들이 쉽게 소리의 특성을 구별할 수 없는 소리가 있다. 음악 소리가 그것이다. 음악 소리는 물리적 소리가 아니라 심리적 소리다. 관련 문화권의 구성원들만이 그 의미를 이해할 수 있는, 이른바 문화적 소리다. 음악 소리를 옳게 듣는다는 말은 소리가 어떠한 의미를 운반하고 있는지를 알 수 있는 능력을 가졌다는 뜻이다. 건강한 신체적인 귀를 가졌다고 해서, 음악적 의미를 구별할 수 있는 것은 아니다. 서양음악의 경우나 한국 전통음악의 경우나 모두 마찬가지다.

그러니까 서양음악을 듣는 귀와 한국전통음악을 듣는 귀는 같은 귀가 아니다. 신체적으로는 같은 귀이지만 문화적으로는 같은 귀가 아닌 것이다. '아 이 고'라는 물리적 소리가 문화적 소리가 되면 그 의미가 달라진다. 한국어가 되면, '아이고! 피곤해서 못 살겠구나', 영어가 되면 '아이 고, I go'와 연관된다. 가 나 다음에 다가 나온다는 식의 논리와 A B 다음에 C가 나온다는 식의 논리가 다르듯이 긴장과 완화 관계의 생성을 위해서 사용되는, 음악을 만드는 '음 재료'의 결합 논리도 다르다. 음악 이해는 서로 다른 음 재료의 결합 논리의 이해가 선행될 때 가능하다.

겉으로 보면 서로 다른 것 같으나, 안을 보면 같은 것이 있다. 이 사실을 아는 것도 중요하다. 긴장과 완화에 대한 추구욕, 시작과 끝을 가지면서 하나의 형식을 가지려는 형식욕 등은 모든 음악에서 공통적으로 나타난다. 동서고금의 모든 음악이 같은 현상을 추구한다는 것이다. 그러나 그러한 욕구를 충족시키는 수단 즉 재료의 속성이 다르기 때문에 얽혀진 결과는 다르게 나타난다. 수단이 주화음과 속화음인 관습도 있고, 직선과 곡선인 관습도 있다. 관습은 이밖에도 수없이 많다. 시대와 지역에 따라 관습은 언제나 달랐다. 그러므로 외견상으로 수많은 서로 다른 음악이 지상에 존재하는 것이다.

지상의 모든 음악을 들으면 예외없이 소리가 시간 안에서 흐른다는 것을 알 수 있다. 이 흐름은 그냥 흐름이 아니다. 출발점과 목적지가 있는 흐름이다. 위에서 언급했듯이, 주화음 혹은 속화음의 맥락 안에서 흐를 때가 있다. 직선적으로 흐를 때가 있고 곡선적으로 흐를 때가 있다. 급히 흐를 때와 천천히 흐를 때가 있다.

예술의 논리는 진공에서 태어나는 것이 아니다. 예술감상의 논리 역시 진공에서 태어나지 않는다. 서양예술의 감상논리와 전통예술의 감상논리 역시 다르다. 전통예술 감상법에 마음이 젖어 있지 않으면 전통음악의 진미를 감상하지 못할 뿐만 아니라, 전통예술의 가치 자체를 인정하지 않는다. 한국인이 한국 전통예술의 가치를 인정하지 않는 경우가 있다면, 서양예술 감상법 하나만을 교육받아온 개인적 혹은 집단적 역사를 안고 있기 때문이다.

"청산리 벽계수야"로 시작되는 우리의 '평시조'를 들어보라. '평시조'라는 문화적 소리를 서양음악을 듣는 식으로 들으면, 그냥 '도 도오오' 다음에 '소오올'이 되고 만다. 그야말로 음악적 정보가 없는, 유치하기 짝이 없는, 텅빈 헛소리에 불과하다. 그러나 그것을 전통음악을 듣는 방식으로 들으면, 말로는 도저히 표현할 수 없는, 한량없는 즐거움, 긴장과 완화의 묘, 직(直)과 곡(曲)의 묘한 어울림 등을 맛볼 수 있다.

그렇다면 전통음악을 듣는 방식이란 무엇인가. 한마디로 '음악이 탄생된 문화적 맥락 안에서' 듣는 것이다. '비가 온다'라는 말과 '비가 운다'라는 말이 있다. 전자는 생활어, 후자는 시어이다. 비는 오는 것이지 우는 것이 아니다라고 말하는 사람은 시어와 생활어의 기능이 같지 않음을 모른다. 서양음악에서 나타나는 소리와 전통음악에서 나타나는 소리의 기능을 동일시하는 사람은 전통음악을 그것이 탄생된 맥락에서 듣지 못한다. 시어의 맥락 안에서 '비가 운다'라는 시구를 생각하면, 그 뜻이 묘하게 된다. 전통음악을 그 음악이 탄생된 문화적 맥락 안에서 들으면 그 뜻 역시 한없이 깊고 다양할 수 있다.

'편락'의 경우도 마찬가지다. 우조가 끝나고 계면조로 접어들 때만이 아니다. 시작에서부터 끝에 이르기까지 '세상에 이러한 기막힌 소리의 연속이 있을까' 싶을 정도로 감탄스러운 경험을 가능케 한다. 우리의 것이기 때문에 그냥 칭찬하자는 뜻에서 하는 소리가 아니다. 판소리는 전세계의 음악인류학자들이 이미 그 음악적 가치를 인정하고 있다. 서양 예술음악은 고도로 발달된 음악으로 보고, 동양 민속음악은 원시음악으로 취급하는 사람들이 있었다. 그러나 커트 삭스 같은 음악인류학자는 "동양 민속음악을 원시음악으로 취급하는 사람들이야말로 원시인이다"라는 유명한 말을 남겼다. 삭스가 그런 말을 했다고 해서가 아니다. 귀한 것을 귀한 것으로 아는 문화적 안목이 필요하다는 것을 이 기회에 다시 한번 더 확실히 해두고 싶다.

브람스의 음악관

　브람스는 죽도록 열심히 일하길 좋아했다. '죽도록 열심히 일함' 없이 창조는 있을 수 없다고 생각했다. 주어진 선율 하나를 두고 200여종의 대위 선율을 만드는 연습을 했다고 하니 작곡을 위해서도 죽도록 열심히 했음이 분명하다. 그뿐이 아니다. 한 곡의 현악 4중주를 완성 출판하기 위해서 20여곡을 작곡했다가 버렸다고 한다. 그의 작가정신이 얼마나 치열했던가를 알 수 있다. 젊었을 때부터 브람스는 자기 마음에 들지 않는 작품은 가차없이 버렸다. 자기 비판정신이 철저했던 것이다. 브람스가 20세 때 쓴 피아노 소나타 F단조를 듣고, 슈만이 브람스를 젊은 독수리라고 악단에 소개할 만도 했다
　일반적으로 브람스는 바그너와 반대의 성격을 가진 작곡가로 알려진다. 그러나 사실에 있어서 리스트와 반대의 성격을 가진 작곡가로 보아야 한다. 리스트는 전통을 경멸 냉소했다. 과거를 불

경스러운 태도로 바라보았다. 과거의 위대성을 리스트가 모르고 있었다는 것은 아니다. 과거의 위대한 작곡가의 위대성을 인정하지 못할 정도의 작곡가는 아니었다. 그러나 그는 한마디로 과거를 경멸했다. 브람스는 달랐다. 브람스는 과거로부터 모델을 찾았다. 과거에 뿌리를 깊게 박고 있었다. 처음부터 끝까지 엄격한 전통 형식을 고수했다.

리스트가 유럽을 자기 집으로 삼는 국제주의자 세계주의자였다면 독일만을 자기 집으로 삼았던 민족주의자가 브람스였다.

작곡은 음악적 아이디어가 떠오를 때 가능하다. 아무리 아이디어를 찾으려고 해도 생각이 떠오르지 않을 때가 있다. 브람스는 말하기를, 운이 좋으면 생각이 떠오른다고 했다. 그는 자기에게 하나의 음악적 생각이 떠오른다는 사실은 자기와는 무관하다고 생각했다. 그는 그 생각이 어디서부터 온 것인지 모른다고 했다. 누가 준 선물인지 모른다고 했다. 운이 좋아서 누구로부터 선물을 받은 것으로 생각했다.

선물을 받았다고 해서, 그 선물이 자기의 것이 되는 것으로 브람스는 생각하지 않았다. '죽도록 열심히 일함'을 거치지 않으면 그 선물이 자기 것이 되지 않는다고 생각했다. 경우에 따라서 브람스는 받은 선물이 자기의 것이 될 때까지는 선물로 믿지 않았다. 믿지 않은 이유는 선물이 자기의 것이 되지 않을 수도 있다는 생각에서다. 열매를 맺지 못하는 씨앗은 믿지 않아도 된다는 생각이었던 것이다.

브람스는 선물을 자기 것으로 만드는 과정에 대한 깊은 생각을 했다. 급히 서둔다고 해서 선물이 자기의 것이 된다고 생각하지 않았다. 대부분의 경우 천천히 자기의 것으로 만들어가야 한다고 생각했다. 선물은 씨앗과 같은 것이라고 그는 생각했다. 씨앗이 급히 자랄 수 없듯이, 음악적 아이디어도 급히 자랄 수 없다고 생각했다. 음악적 아이디어는 그것이 발전하지 않으면 죽은 것이 된다고 생각했다.

믿지 못할 선물의 경우에는 그 선물을 한두 달 정도 잊는 것이 좋다고 브람스는 생각했다. 잊었다가 선물을 다시 보면, '아! 참 좋은 선물이구나'라는 생각이 들 수 있다는 것이다. 그러한 생각이 들 때 그 선물과 다시 죽을 힘을 다해서 일하면 씨앗에서 서서히 싹이 튼다는 것이다. 브람스 음악을 이해하는 관건은 바로 이 씨앗이 어떻게 자라고 있느냐에 대한 이해와 직결된다. 그러니까 결국 브람스의 능력은 씨앗에서 뿌리를 내리게 하고 움을 트게 하고 열매를 맺게 하는 능력인 것이다.

놀랍게도 볼프는 브람스를 모방자에 불과하다고 했다. 씨앗의 속성을 변형 발전시킨다는 것은 씨앗을 모방하는 일 이외의 아무 것도 아니라고 생각했을지 모른다. 변형 발전의 정도에 따라, 모방이라기보다 표절일 수도 있다고 믿었을지 모른다. 그러나 볼프는 브람스의 재주 한가지만은 인정했다. 씨앗을 변형 발전시키는 교묘한 기술을 인정했던 것이다. 다른 어떠한 작곡가보다 주어진 아이디어를 놓고 변형시키는 기술은 뛰어났다고 믿었다.

브람스의 음악관을 이해하기 위해서 우리가 알아야 할 것이 또 있다. 그것은 음악에서 언어의 역할과 음의 역할에 대한 이해와 관련된다. 언어에 시어와 생활어가 있다고 하고, 추상적 의미와 구체적 의미가 있다고 하고, 상징적 의미와 일상적 의미가 있다고 하지만, 언어는 음과는 그 성격을 달리한다. 언어는 어떤 대상을 구체적으로 지칭한다. 음 역시 어떤 것을 구체적으로 지칭한다는 것을 음악전문가이면 안다. 그러나 언어가 지칭하는 것과 음이 지칭하는 것의 성질이 같다고는 말할 수 없다.

　인간은 본 것, 느낀 것, 생각되어진 것을 표현하고 싶어한다. 문학예술은 언어로 표현하고 음악예술은 음으로 표현한다. 리스트와 바그너는 문학과 음악을 접목시키려고 했다. 브람스는 문학의 가치를 인정하지 않은 것은 아니나, 음악이 자족적으로 존재할 때 그 본질이 드러난다고 생각했다. 그러할 때 음악이 가장 음악다워진다고 믿었다. 가사는 음외적(音外的) 사항을 지칭한다. 음만이 작용되는 음악은 음외적 사항보다 음내적(音內的) 사항을 중요시한다. 음외적(音外的) 사항과 음내적(音內的) 사항 중, 가사를 운반하고 있는 성악은 음외적(音外的) 사항을 표현하기 위해서 있는가, 음내적 사항을 표현하기 위해서 있는가라고 물을 수 있다. 대답을 어떻게 하는가에 따라 음악관은 달라진다. 이미 언급했듯이 브람스는 음내적 사항을 음악의 본질로 생각했다.

　지금 왜 이런 말을 하는가. 기악에는 음만이 관여된다. 그러나 성악에는 언어와 음이 모두 관여된다. 그러니까 기악과는 달리 성악에서는 언어가 뜻하는 바와 음이 뜻하는 바가 서로 어떤 관계를 맺고 있느냐의 문제가 중요해진다. 성악에서 언어의 뜻과 음의 뜻 중 어느 것이 목적이고 어느 쪽이 수단이냐라는 문제가 중요해진다. 언어의 뜻은 가사의 의미에 해당되고 음의 뜻은 선율 내지 순수한 음구조물의 의미에 해당된다. 성악에서 가사의 의미를 음이 표현해준다면, 언어의 뜻이 목적이요 음의 뜻은 수단이 된다. 음의 의미를 가사가 표현해준다는 것이 성악에서 가능한가가 의문이기 때문에 문제는 복잡해진다. 성악의 경우 가사가 먼저 주어지느냐, 음 활동이 먼저 주어지느냐를 놓고 생각해보면 지금 무슨 말을 하고 있는지 알 수 있다.

  음의 세계인 음악에서 언어가 목적이 되고 음이 수단이 된다면 문제가 생기는 것이 아닐까. 그러나 위대한 음악가들 중에는 언어의 뜻을 중요시하는 사람이 많았다. 앞에서 언급했지만, 브람스의 동시대인인 바그너와 리스트가 특히 언어의 뜻을 중요시했다. 바그너와 리스트는 음악에서 언어의 뜻과 음의 뜻을 융합 내지 통합하기를 좋아했다. 브람스는 달랐다. 비록 성악곡을 썼다고는 하나 브람스는 음악에서는 음의 뜻이 중요하다고 생각했다. 그의 모든 음악에서는 음의 뜻, 음들의 관계성, '소리 씨앗'의 뿌리내림과 성장 그리고 '소리 열매'의 맺음이 중요하게 나타나고 있다. 다시 말해서 브람스는 음의 뜻을 수단에 머물게 하는 것에 반대했다. 음의 뜻 그 자체가 음악의 목적이어야 한다고 생각했다. 나는 『음악의 이해』에서 관련 발생적 의미와 자체 발생적 의미라는 말을 사용했는데, 브람스의 음악관을 요약하면 브람스는 관련 발생적 의미보다 자체 발생적 의미를 더 중요시했다고 말할 수 있다. 브람스는 자기의 충동을 밖으로 드러내지 않고 언제나 비밀로 해두길 좋아했기 때문에 구체성을 가진 언어보다 상대적으로 비구체성을 가지고 있는 음을 택했는지도 모를 일이다.
 브람스 음악관은 그의 모든 음악에서 잘 반영되고 있지만, 실내악에도 그것은 철두철미 반영되고 있다. 교향곡과 피아노곡들이 너무나 좋기 때문에 우리는 그의 실내악을 잊는 경우가 많다. 그러나 실내악이야말로 브람스 음악관의 정수를 운반하고 있다는 것을 잊어서는 안된다. 브람스는 20여곡이 넘는 실내악곡을 썼다. 양적으로도 엄청난 것이지만, 절반 이상이 위대한 걸작이라는 점을 생각하면 참으로 놀라운 일이 아닐 수 없다.

제3부

몸과 마음

일상성과 비일상성의 가치

나는 매일 아침 일찍 출근한다. 퇴근은 저녁 6시가 지나서 한다. 하루도 빼놓지 않고 거의 매일 출근시간 훨씬 전에 사무실 책상 앞에 와 앉는다. 서울대 음대에 교수로 재직하고 있을 때에는 출퇴근 시간에 묶이는 생활이 아니었다. 강의시간에만 충실하면 됐다. 서울대에 사직서를 내고, 한국예술종합학교로 자리를 고쳐 앉은 뒤부터는 사정이 달라졌다. 교수라기보다 행정일을 수행하는 것이 직무이기 때문에 생활 패턴이 달라졌다.

새로 생긴 학교를 잘 만들어야 한다는 것이 나에게 있어서 지상명령이었다. 누가 시키지 않아도 문자 그대로 죽으라고 일만을 하고 있다. 결재서류에 싸인을 해야 하고, 교수들과 학생들에게 어떤 일이 생기면 그것을 해결해야 하고, 학교 발전을 위해서 생기게 되는 크고 작은 사무의 원만한 처리를 위해서 사무국과의 호흡 조절을 해야 한다.

그러던 어느 피곤한 하루, '내가 왜 이렇게 살고 있나, 내가 무얼 하려고 이러고 있나'라는 생각을 하게 되었다. '눈만 뜨면 일하고, 날이면 날마다 판에 박은 듯한 생활을 하고, 내가 왜 이러고 있나'라는 생각이 들었다. 세계적으로 이름이 난 미국 작곡가 애론 코플란드는 영감이 무엇인가라고 묻는 음악애호가의 질문에 이렇게 대답했다고 한다.

사람은 살다보면 문득 어떤 생각을 하게 된다. 문득 어떤 친구가 보고 싶다는 생각, 이번 휴가 때에는 반드시 로마를 찾아가 보아야지라는 생각, 이런 식의 평소에 하지 않던 생각을 느닷없이 하게 된다. 작곡가의 경우도 마찬가지다. 작곡하고 싶다는 생각을 매일 하는 것은 아니다. 작곡을 하고 싶다는 생각이 찾아올 때가 있다. 오늘 혹은 지금 이 순간에 작곡이 하고 싶다는 생각이 찾아올 때가 있다. 이러한 생각이 드는 순간이 바로 나에게 영감이 찾아오는 순간이다. 작곡을 하고 싶어지는 순간의 나는 그렇지 않는 순간의 나와 전혀 다른 사람이 된다. 어떤 것을 받아들이는 내 마음의 자세부터가 달라진다. 영감은 신비스러운 것이 아니다. 갑자기 무엇이 하고 싶어지는 순간이 나에게 찾아올 때가 나에게는 영감의 시간이다.

나는 코플랜드의 말이 옳다고 생각한다. '내가 왜 이렇게 살고 있나'라는 생각 역시 느닷없이 찾아온, 나에게는 하나의 영감이 아닐 수 없다. 일상성보다 비일상성의 중요성을 인식케 하는 귀중한 영감이 아닐 수 없다. 일상생활에 매몰되어 나를 잊고 살던 사람에게 자기를 찾고 싶어하는 마음이 생긴 것인데, 이러한 생각만큼 귀중한 생각이 또 어디 있겠는가.

'이렇게 살지 말고, 다르게 살아야 한다'라는 생각은 도대체 무엇을 원하는 삶일까. 무엇을 추구하는 삶일까. 일상성으로부터의 탈피를 추구하는 것일까. 그 추구의 실현이 허락되면 무엇을 찾겠다는 말일까. 작업시간에 매몰되는 것이 중요하지 않다는 생각 때문에 일상성으로부터 탈피하려는 것만은 아닐 테다. 직업생활에서 프로가 되지 말라는 이야기는 더욱 아닐 테다.

나는 이런 생각을 했다. '내가 왜 이렇게 살고 있나'라는 생각을 옳게 발전시키면 우리는 귀중한 것을 얻을 수 있다, 귀중한 것을 얻을 수 있는 씨앗을 만들 수 있다, 참 자기 형성을 위한 가장 가치있는 과일을 열게 할 수 있는 씨앗을 얻을 수 있다는 생각을 했다.

'내가 왜 이렇게 살고 있나'라는 생각은 여러가지의 좋은 생각을 낳을 수 있다. '누구나 영원히 사는 것은 아니다'라는 생각, '죽음을 평소에 생각하고 사는 사람의 생활태도는 그런 생각을 하지 않고 사는 사람의 그것과 다를 것 같다'라는 생각, '사랑이나 고독의 의미를 깊이 음미하지 않는 삶은 무가치하다'라는 생각, '작업시간도 중요하지만, 여가시간은 우리의 삶에서 더욱 중요하다'라는 생각 등, 작업시간 안에 매몰될 때에는 생각되어질 수 없는 수많은 생각을 낳는다. 이러한 생각은 제각기 고유한 씨앗을 키운다. 작업시간과 상관되는 일상성이 우리의 삶을 위해서 중요한 것이 사실이긴 하겠지만, '내가 왜 이렇게 살고 있나'라는 유의, 일종의 비일상성 관련 생각이 낳는 씨앗만큼 귀중한 것이 이 세상에 어디에 있겠는가라는 생각을 해본다.

교수라는 칭호

 칭호라는 말이 있다. 글을 쓴다고 해서 아무나 시인이라는 칭호를 얻지 못하며, 피아노를 친다고 아무나 피아니스트라는 칭호를 얻지 못한다. 자기의 분야에서 최소한 신인으로 데뷔를 해야 칭호를 얻을 수 있다.
 의사라든가 법관이라는 칭호도 마찬가지이다. 의사나 법관의 자격을 얻어야 그러한 칭호로 일컬어질 수 있다. 여기서 문제가 되는 것은 그러니까 칭호를 얻을 자격이다.
 나는 어머니라는 칭호와 교수라는 칭호에 대한 생각을 해본다. 어머니 자격이라는 것이 따로 있느냐, 아니면 아이를 낳기만 하면 어머니가 되느냐라는 생각을 해본다. 아이를 낳고 그 아이를 버리는 여자도 있고, 낳은 아이의 개성을 무시하는 여자도 있다. 자기 욕심이나 취향 등으로 아이의 삶을 강요하는 여자도 있다. 이러한 여자에게도 아이를 낳았다는 이유 하나만으로 어머니라는 칭호를 줄 수 있는가. 인류의 오랜 역사를 점검할 필요도 없다. 자식을 낳은 여자에게 무조건 어머니라는 칭호를 주고 있다는 것을 우리는 안다. 어머니의 자격이 따로 있는 것이 아니라, 아이를 낳았다는 것 자체로서 어머니라는 칭호를 얻기에 충분한 것이 되고 있는 것이 현실이다. 현실이 이렇게 된 이유는 무엇인가. 이유는 자식에 대한 무조건적인, 본능적인 사랑을 하는 여자라는 이유에서이다. 무조건적 사랑의 가치가 그만큼 중요한 것이다.

그렇다면 교수라는 칭호는 어떻게 되는가. 교수라는 자리를 차지함으로써, 다시 말해서 교수라는 직장을 얻으면 교수라는 자격을 얻게 되는가.

교수는 특정 분야에 탁월한 능력을 가진 사람이다. 동시에 가르치는 일을 하는 사람이다. 탁월한 능력을 가졌다는 말은 미성인이 아닌, 기성인이라는 말이 된다. 그렇다면 가르치는 일에는 기성인과 미성인은 없는가. 가르치는 일에도 기성인과 미성인이 있어야 한다라고 누가 주장을 하면 어떻게 될까. 우리 대학 교육의 풍토에서는 가르치는 일과 상관되는 능력으로서의 기성인 개념이 없는 것 같다. 다시 말해서 어머니로서의 데뷔는 필요없을지 모르나, 기성인으로서의 가르치는 사람이 되려면 데뷔가 필요하다는 문제의식이 우리나라의 교육계에서는 쟁점화되지 않고 있다.

나는 오늘, 가르치는 사람 즉 선생이라는 칭호를 얻을 수 있는, 즉 기성인으로서의 선생의 조건에 대한 생각을 해본다. 어떤 분야에 대해서 탁월한 지식이나 능력이 있다고 해서, 그 사람이 가르치는 일, 가르치는 능력까지 탁월한가라는 질문이 있을 수 있다.

가르치는 일에 탁월한 능력이 없는 사람은 교수가 되지 못하는가. 물론 그렇지는 않다. 인간은 모방행위를 통해서 많은 것을 배운다. 다시 말해서 학생이 선생을 모방해서, 학생 스스로가 많은 것을 배울 수 있다. 학생들은 가르치는 일에는 익숙하지 않으나, 자기 분야에서 탁월한 지식과 능력을 가진 사람을 모방대상으로 삼을 수 있기 때문에 가르치는 능력이 없는 사람도 경우에 따라서는 선생이 될 수 있다. 학생이 모방을 잘하고 못하고의 문제에는, 그 탁월한 교수는 관심이 없다. 내가 너 앞에 있어주는 것이 곧 가르침이다라고 생각할 수 있다.

그러나 교육이라는 것은 그런 방식으로만 이루어지는 것이 아니다. 이 때문에 가르치는 일과 상관되는 기성인 개념을 논의의 대상으로 삼아야 한다고 생각한다. 교수라는 칭호를 자기 분야에서 좀 아는 사람이라고 해서 기성인으로 데뷔를 하지도 않은 사람에게 함부로 부여해서는 안된다는 주장이 나와야 하지 않을까.

문화, 밥이냐 맛이냐

'아.이.고'라는 소리가 있다. 한국어 문화권에서 사는 사람은 '아이고, 피곤해라'라는 맥락에서, 영어 문화권에서 사는 사람은 '아이 고 투 스쿨'이라는 맥락에서 그 소리를 사용한다. 그러니까 서로 다른 뜻으로 사용한다. '아.이.고'라는 소리는 물리현상이면서 동시에 의미현상이다. '아.이.고' 같은 경우만이 아니다. 문화가 다르면 인간의 행위방식도 달라진다. 한쪽에서는 자연스러운 행위가 다른 한쪽의 문화적 시각에서 보면 부자연스러운 것이 된다. 문화는 인간의 관념이나 행위를 통제하는 무서운 힘이다. 문화는 인간의 삶을 조건짓는 위력을 지니고 있다. 우리가 어떠한 문화를 가지고 있느냐의 문제가 이 때문에 중요하다. 문화는 바로 우리 삶의 문제 그 자체이다. 좋은 정치문화를 가진 나라의 국민이 행복한 국민이 되는 것을 보면 그것을 안다. 문화라는 동일한 단어를 두고 인간들은 서로 다른 의미를 머릿속에 그리기도 한다.

문화인 하면 예술적 소양이나 교양의 문제와 관련을 시키고, 동양문화, 서양문화 하면 삶과 연관된 풍습이나 관습의 문제와 관련시킨다.

나는 우리의 삶에 있어서 문화는 밥이냐, 맛이냐라고 묻고 싶다. 이런 물음은 문화가 말로만 중요하다는 것이 아닌, 정말 인간에게 필요한 것인가라는 물음의 연장선상에 놓여있다. 문화가 인간에게 참으로 필요한 것이라면, 밥같이 꼭 있어야 하는 것인가, 아니면 맛같이 있으면 좋고 없어도 그만인 것인가라고 묻고 싶은 것이다.

문화의 존재방식이 생성되는 과정에서 인간은 자기의 몫을 치른다. 그러니까 어떤 몫을 치러야 하는가라는 것이 우리의 삶에 있어서 중요한 문제가 된다. 싱겁다, 짜다라는 말, 싱거우면 소금을 더 넣고, 짜면 소금을 빼라는 말을 우리는 한다. 밥만큼 맛있는 음식은 없다라는 말을 하는 사람도 있다. 그래서 밥을 가장 좋은 맛에 비유하기도 한다. 그러나 여기서 우리가 알아야 할 것이 하나 있다. 맛이 사치일 수 있지만, 그래서 경우에 따라서 인간의 삶에 필요없는 것일 수도 있지만, 특정 종류의 맛은 결코 우리의 삶에 불필요한 것이 아니라는 점이다. 다시 말해서 밥이 아무리 중요하다고 하지만, 소금이 들어 있는, 맛과 관련되는 반찬이 없이 우리는 밥을 먹을 수 없다. 적절한 소금 없이 밥을 먹을 수 없다는 말이 정말 옳은 말이라면 결국 맛과 무관한 밥의 존재 가치는 없다는 뜻이 된다.

바로 이것이다. 밥을 경제라고 하고 맛을 문화라고 한다면, 경제가 인간의 삶에 있어서 아무리 중요한 것이라고 해도, 문화 없이는 경제의 존재가치가 없다. 한마디로 밥과 맛이 잘 어울리는 사회의 창조에서만 우리의 살 길을 찾을 수 있지 않을까 싶다. 경제 일방적 사고나 문화 일방적 사고는 이 때문에 위험할 수 있다. 우리의 의식적 차원에서 경제와 문화가 따로 놀아나는 사회는 결코 바람직하지 못하다. '맛 같은 경제'와 '밥 같은 문화'라는 말이 가능한 사회를 꿈꾸어야 한다.

지금은 21세기의 시작, 남북정상회담의 후속 조치가 이루어지고 있는, 문자 그대로 새로운 역사가 창조되고 있는 순간 순간이다. 차분한 마음을 가지고 진정으로 새로운 삶의 지표를 세워야 한다. 경제대국 개념과 문화입국 개념을 하나로 통일시킴으로써, 통일시대에 걸맞은 삶의 지표를 세워야 한다. 우리 모두의 일상적 삶이 지상 낙원의 삶이 되길 꿈꾸어야 한다. 꿈은 그냥 이루어지지 않는다. 각계 각층에 있는 우리 모두의 일상적 삶을 성실 절제 인내 절약 양보 등으로 다스릴 때에 꿈은 이루어진다. 자기의 밥과 자기의 맛만을 챙기고 있는 한, 우리의 꿈은 영원히 꿈에 머물게 되고 만다. 우리 모두가 참으로 각성해야 할 시기가 바로 지금이 아닌가.

근로자 교향악단

부산에 있는 어떤 고아원에서 30여명으로 구성된 작은 교향악단을 운영하고 있다고 한다. 이 교향악단 단원은 물론 고아들이다.

교향악단 운영은 누가 시켜서 하는 일이 아니라 고아원 경영자가 취미로 하는 모양이다. 고아원에서 주요 업무로 하는 일은 고아들의 교육과 취업 알선이다. 고아들의 교육은 고교까지만 고아원에서 맡는다. 고등학교 교육을 받을 동안 고아들에게 기술 하나씩을 배우도록 도와주고 있기 때문에 졸업 후 취업이 쉽다고 한다.

취업을 하고 나면 고아들은 새 직장의 근로자가 된다. 이 말은 근로자가 된 후부터 고아들은 고아원 교향악단 단원 역할을 못한다는 뜻이다. 고아원 측에서는 교향악단 운영이 이 때문에 어렵다고 한다. 음악을 좀 가르쳐놓았다 싶으면 교향악단을 떠나야 하기 때문이다.
 취업을 한 고아들은 물론 이제 더이상 고아가 아니고 회사의 근로자다. 그런데 이 근로자들의 입장이 또한 재미있다. 비록 서로 다른 직장에서 일을 하고 있지만, 주말 같은 시간에 같이 모여서 고아원 시절에 해오던 교향악단 활동을 계속하고 싶어한다는 것이다. 그런데 그것이 마음대로 되지 않는다. 고아원을 떠난 사람들은 고아원 교향악단 단원일 수 없기 때문이다.
 만일 교향악단 단원 경험이 있는, 고아원 출신 근로자들로 구성된 근로자 교향악단 같은 것이 새로 생기면 고아원 출신 근로자들의 문제는 해결된다. 고아 출신 근로자들의 문제만 해결되는 것이 아니라 우리나라에서 새로운 문화가 창조되는 계기가 될 수 있다.
 이 대목에서 문화에 관심이 있는 기업체의 할 일이 있지 않나 싶다. 문화사업을 할 의지가 있는 기업들은 처음부터 큰 일을 하려고 하지 말고 가령 고아 출신으로 구성된, 크지 않은 실내악 규모의 근로자 교향악단 같은 것을 창단하면 된다. 근로자에게도 좋고, 기업에도 좋고, 그들의 음악을 즐길 수 있는 근로자 가족들에게도 좋다. 그리고 다시 말하지만, 우리나라에서 기업과 문화의 새로운 결합의 예시가 될 수 있다.
 기업이 문화 투자를 한다고 할 때, 첫술에 배 부르자는 식이 아닌, 처음에는 작은 것부터 지원하자는 생각을 하면 그 자체가 기막히는 문화적 생각이 아닐 수 없다. 기업마다 작은 규모의 근로자 교향악단이 생기면 더이상 좋은 일일 수 없겠다.

몸과 마음

몸과 마음에 대한 이야기다. 마음은 볼 수 없다. 인간의 몸은 볼 수 있다. 예술에도 몸이 있고 마음이 있다. 피아노 소리는 피아노 음악의 몸이고, 그 소리로부터 발생되는 의미는 피아노 음악의 마음이다. 벽에 걸려 있는 액자 속의 그림은 미술의 몸이고, 그 그림에서 발생되는 의미는 미술의 마음이다. 예술작품은 몸으로 나타나지만, 그 존재 의미는 마음의 이해와 상관된다.

사람의 몸은 부분으로 얽혀 있다. 예술의 몸도 마찬가지다. 예술의 재료가 부분 역할을 하면서 서로 얽힘으로써 작품은 만들어진다. 만들어진 예술의 몸은 우리의 눈이나 귀가 경험을 한다. 경험은 몸을 통해서 하지만, 경험의 결과는 예술의 마음과 연결이 된다. 많은 사람들이 예술의 몸 안에 깃들이고 있는 예술의 마음을 경험하고 싶어하는 것은 그 의미가 이 세상에 존재하는 그 어떤 의미보다 가치가 더 있다는 믿음 때문이 아닐까. 그러니까 예술은 결국 몸인 어떤 결과물을 통해서 마음인 원인을 읽는 작업이고, 이러한 작업에 많은 가치를 부여하는 인간행위가 예술행위가 아닌가 싶다.

우리 모두가 알고 있듯이, 예술하는 사람의 주된 관심은 예술작품 그러니까 예술의 몸을 어떻게 만드냐에 있다. 음악작품이라는 몸, 무용 영화 미술 연극 전통예술 작품이라는 몸을 어떻게 만드냐에 관심을 가진다는 것이다. 자기의 마음을 예술의 몸에 어떻게 담느냐에 관심을 가진다는 것이다.

돌로 빚어지는 조각이 있다. 그런데 빚어지기 전의 돌은, 형체가 없는 그냥 돌이다. 그냥 돌을 조각가가 망치로 두들겨서 형체를 만들어가면 몸이 생긴다. 조각가는 자기가 원하는 몸을 얻기 위해서, 여기도 두들겨 깎아내고, 저기도 두들겨 돌을 깎아낸다. 두들겨 맞는 돌은 찢어지게 아플 것이다. 조각가는 돌이 얼마나 아파하는지에 대해서는 아랑곳하지 않으면서, 밤이고 낮이고 망치로 돌을 두들긴다. 돌은 아파하다가 어느날 어떤 형체를 띠게 된다. 그 형체가 예술의 몸이다.

인간이 무엇인가라는 물음이 던져졌을 때, 이런 생각을 해본다. 조각가가 돌을 두들김으로 해서 생겨나는 어떤 모양새와 같이, 많이 두들겨 맞음으로써 생겨나는 불가사의한 어떤 모양새가 인간이 아닌가 싶다. 다시 말해서, 인간은 자라면서 계속적으로 이런 망치 저런 망치에 얻어 맞으면서, 이렇게 깎이고 저렇게 깎이는 것 같다. 그래서 자기라는 인간의 모양새가 만들어지고 있는 것이 아닐까. 인간만이 아니라, 어떤 형태의 예술작품도 마찬가지라는 생각을 한다. 예술매체들이 예술가가 가지고 있는 망치에 의해 두들겨 맞음으로써, 예술이라는 몸이 형성되는 것이라고.

우리의 삶을 조건짓는 문화의 개념도 마찬가지일 것이다. 망치로 수없이 얻어맞아야 문화라는 이름의 몸이 어떤 형체를 띠면서 나타나는 것이다. 우리는 지금 이 순간에도 옳은 문화의 모양새를 만들기 위해서 이리저리 망치로 두들겨 맞고 있다.

우리는 두 가지의 역할을 동시에 해야 한다. 망치로 돌을 '두들기는 사람'의 역할도 하고, 망치에 '두들겨 맞는 돌'의 역할도 해야 한다는 것이다. 그렇게 함으로써 음악도 만들고, 연극도 만들고, 무용 미술 영화도 만들고 전통예술도 만들고, 그러한 예술과 관련되는 이론도 만든다. 여기서 중요한 사실은 망치에 맞아 아플 때 그것을 참아내야 한다는 것이다. 예술을 만들기 위해서 참고, 자기라는 인간을 만들기 위해서 참고, 우리의 몸과 마음을 담고 있는 문화를 만들기 위해서 참는 역할을 함으로써 우리나라에 새로운 인간상, 새로운 예술상, 새로운 가치관 등을 창출해내야 한다. 망치로 얻어맞는 돌도 되고, 돌을 두들기는 망치도 되어, 가장 바람직한 문화라는 몸을 만드는 역할을 게을리하지 않는다는 것은 쉬운 일이 아니다. 돌이 된다는 말은 물론 아픔을 참아야 한다는 말이고, 망치가 된다는 말은 몸을 만들기 위한 피나는 노력을 해야 한다는 말이다. 이런 일들을 위해서 하루도 쉬지 않고 노력하는 사람이 되어야 하는 것이다.

자신이 만일 물고기라면, 내가 헤엄을 칠 수 있는 가장 알맞은 장소는 지금 내가 있는 이곳은 아니다라고 생각하면서 사는 사람이 있다. 지금 내가 이러고 있는 것은 참으로 나다운 일을 하는 것이 아니다. 지금의 나는 타협을 하고 있는 나요, 비굴한 나요, 정말 내가 하고 싶은 일을 하고 있지 않는 나다라는 생각을 하는 사람이 있다. 그만큼 그 사람은 불만족스러운 삶을 살고 있다는 뜻이다. 만족스러운 삶을 살고 있는 사람은 어떠한 생각을 하는 사람일까.

 이 세상 모든 곳이 아니어도 좋다. 이 세상의 단 한곳에서라도 사람이 사람답게, 예술가가 예술가답게, 학자나 이론가가 학자나 이론가답게 살 수 있는 장소가 있었으면 좋겠다. 만일 그러한 곳이 없으면, 그런 곳을 만들겠다는 생각을 하면서 살고 있는 사람이 바로 만족스러운 삶을 살고 있는 사람이라고 생각한다.

플라톤 공부

플라톤에게 예술은 기술이었다. 시시한 기술이 아니라 출중한 기술이었다. 무엇을 만드는 출중한 기술도 예술이고 인간이 어떤 행위를 할 수 있는 출중한 기술도 예술이었다. 나무로 가구를 만들 수 있는 기술이나 사람을 다스리는 기술, 나라를 다스리는 기술도 예술의 개념에 포함시켰다. 다시 말해서 목공기술에서부터 치국기술(治國技術)까지, 그 기술이 출중하면 모두가 예술이었다. 만드는 재료는 예술마다 다른데, 치국기술을 위한 재료는 사람이었다. 회화는 그림을 그릴 수 있는 기술, 조각 건축은 그 이름에 합당한 작품을 만드는 기술이었다. 문학이나 음악을 만들 수 있는 기술 역시 예술이었다.

플라톤은 낚시로 고기를 취득하는 기술, 장사를 해서 돈을 버는 기술도 그것이 출중하면 예술로 보았다. 욕심이 있는 인간이 욕심을 채우기 위해서 취득기술을 개발한다고 했다. 취득기술과는 다른 기술이 제작기술이다. 이 세상에 없었던 어떤 것을 이 세상에 있게 하는 기술이 제작기술이다. 피리 부는 사람의 피리 부는 기술, 그림 그리는 사람의 그림 그리는 기술, 수를 놓는 사람의 수놓는 기술, 가구를 만드는 사람의 가구 만드는 기술, 집을 만드는 사람의 집 만드는 기술 등 제작기술의 종류는 많다.

플라톤은 제작기술을 실물 제작기술과 상 제작기술로 나누었다. 실물에는 집이나 칼 같은 인위물과 식물 흙 물 불 바람 같은 자연물이 있다. 상에도 인위물과 자연물이 있다. 인간이 인위적으로 그린 그림이나 사진 같은 것과, 인위적으로는 절대로 일어날 수 없는 꿈 같은 것이 있다.

상은 그 상의 실물과 다르다. 실물을 닮기는 하나 실물의 기능을 수행하지 못한다. 이러한 상에도 종류가 있다. 실물과 꼭 닮은 상과 실물과 비슷하게 닮은 상으로 나누어진다. 실물과 실제로 똑같은 것과 눈에 보이기에 실물과 같아 보이는 것으로 구별된다. 건축가가 기둥을 세울 때, 아래위 기둥의 둘레가 같은 크기로 우리 눈에 보이게 하기 위해서 윗부분을 부풀게 해놓는다. 실물은 위쪽이 부풀어 있는데 우리 눈에 보이기는 부풀지 않고, 아래 기둥과 같은 크기의 둘레로 보인다. 이것이 바로 실물과 우리 눈에 보이는 것이 구별되는 예다. 그러니까 우리 눈에 그렇게 보이게 하기 위해서 '실물'과 '보이는 것'이 같지 않는 경우가 있다. 꼭 같게 닮은 것과 비슷하게 닮은 것 중 진짜 모방과 가짜 모방이 이 때문에 생긴다. 가짜 모방을 하지 않고 진짜 모방을 하면, 우리 인간의 눈에 그렇게 보이지 않는다는 역설이 성립된다. 상은 어차피 실물과는 다른 것이니까, 가짜 모방이라고 해서 가짜일 수 없다는 점이 재미있다. 연주가는 악보라는 실물을 그리는 것이 아니라, 악보의 상을 그린다. 그러니까 모든 모방은 참이기도 하고 거짓이기도 하며, 존재하기도 하며 존재하지 않기도 한다.

또 플라톤의 생각이다. 변하지 않는 것과 변하는 것이 있다. 일상적 삶 앞에 나타나는 사물들이나 창조물들은 대부분의 경우 그 성질이 변한다. 어제 파란 색깔을 가졌던 나뭇잎이 오늘 누런 색깔로 변해 있다. 몇달 전에는 1미터밖에 안되던 아이가 지금은 1미터 10센티가 되어 있다. 키가 변했다. 그런데 나뭇잎의 색깔이 변한 것은 사실이지만, 잎이 변한 것이지 파란 색깔 그 자체는 누런 색깔 그 자체가 아니다. 파란 색깔은 영원히 파란 색깔이다. 파란 색깔 그 자체가 누런 색깔이 되는 것은 아니다. 나뭇잎의 색깔이 변하는 것이지, 파란 색깔이라고 하는 개념으로 보면, 파란색은 영원히 파란 색깔이다. 아이의 키가 1미터에서 1미터 10센티로 변했다는 것이지, 1미터 그 자체가 1미터 10센티로 변하는 것은 아니다. 1미터는 어디까지나 1미터이다. 1미터의 개념은 영원히 1미터인 것이다. 변하지 않는 성질은 1미터이고, 아이의 키는 변하는 것이다. 변화는 언제나 어떤 '갑'으로부터 어떤 '을'로 변하는 것이지, '갑'과 '을' 그 자체가 변하는 것은 아니다. '갑' 그 자체는 언제나 '갑'인 것이다.

일상적 삶 안에서 우리가 알고 있다고 하는 어떤 것, 창조물, 인간, 일상적 삶에서 나타나는 사건들은 참이긴 하되, 특정시간 안에서의 참이다. 어떤 시점에서 잎이 파란색을 띠었던 것은 사실이나 그 잎의 본질이 파란색은 아닌 것과 같다고나 할까.

　인간이 가지고 있는 모방본능에 대한 생각을 해본다. 인간이 무엇을 배울 수 있는 능력 그 자체는 배워서 얻어지는 것이 아니다. 배울 수 있는 능력은 타고난다. 배울 수 있는 능력은 하나의 본능이다. 다시 말해서 인간이 배울 수 있는 것은 모방본능 때문이다. 예술을 할 수 있는 근원적 능력 역시 모방본능에서 비롯된다. 모방본능은 말 그대로 인간의 본능을 뜻한다. 예술의 탄생과 인간이 예술을 할 수 있는 근원적 능력의 하나 역시 바로 이 모방본능에서 비롯된다. 모방본능이 행사되는 차원은 하나가 아니다. 이러한 사실에의 인식은 예술을 하는 사람에게 도움이 될 것 같다.

'감사'와 더불어

　아무리 세월이 흘러도 변하는 것이 있고 변하지 않는 것이 있다. 사람이 먹고 자고 하는 것은 원시시대에서부터 오늘날에 이르기까지 변하지 않는다. 그러나 무엇을 먹고 어디에서 자고 하는 것은 세월따라 변한다. 변하는 것도 좋지만, 나는 변하지 않는 것 역시 좋다는 생각이다.
　드디어 새천년을 맞이했다. 새천년의 벽두에 나는 '세상이 아무리 변하더라도, 변치 않고 살련다'라는 생각을 한다. 이 말은 무슨 뜻인가. '감사와 더불어, 감사하며, 감사를 받을 생각을 하며 살련다'라는 뜻이다. 이 말은 또 무슨 뜻인가.
　나는 고양이나 개를 좋아하지 않는다. 아내도 비슷하다. 지금까지 결혼생활을 반평생 동안 하고 있지만 단 한번을 제외하고는 집안에서 개를 키운 일이 없다. 물론 고양이를 키운 일은 지금까지 한번도 없다.

단 한번 키웠던 개 이름은 '뽀삐'였다. 왜 뽀삐라고 이름을 붙였는지 지금은 모른다. 어렴풋한 기억으로는 개를 준 사람이 이름을 미리 붙여서 우리에게 준 것이 아니었던가 싶다.
　나는 뽀삐를 일주일 정도 우리집에 두었다가, 개를 준 사람에게 다시 돌려보내고 말았다. 집안에서 개를 키운다는 것은 나의 성격에 맞지 않음이 확인되었다.
　그런데 최근의 일이다. 사람의 일은 알 수 없는 법이라는 옛말을 생각나게 한 일이다. 내가 집안에서 개를 한마리 키우게 되었다. 아들딸 모두 출가를 시키고 집안이 쓸쓸하다는 것이 이유였다. 직장 동료 한사람이 나의 처지를 알고 강아지 한마리를 주었다. 이번엔 강아지를 준 사람이 이름을 미리 붙여서 주지 않았다. 그래서 강아지 이름을 우리가 지어야 했다. 옛날 생각이 나서 나는 아내에게 뽀삐라고 부르자고 했다. 그랬더니 아내는 즉시 "안돼요. 너무 상투적이예요"라고 했다. 그리고 "오늘 퇴근길에 이름 하나 지어오세요"라는 말을 덧붙였다. 나는 아내의 상투적이라는 말을 기억하면서 출근을 했다. 퇴근길에 나는 강아지의 이름을 '감사'라고 지었다. 아내는 나의 제의를 받아들였다.
　아직도 철이 덜 들어서 그런지 나는 최근에 '모든 일에, 항상 감사하면서 살아야 한다'라는 말을 자주 한다. 일이 잘될 때에는 잘되어서 감사하고, 일이 잘되지 않을 때에는 잘되지 않아서 감사해야 한다라는 생각을 한다. 잘되지 않은 일에 어떻게 감사해야 하나라고 누가 물으면, 지금 잘되지 않은 것이 나중에 가서 결과적으로 나에게 잘된 일인 경우가 있기 때문에 감사한다고 대답한다. 너무 빨리 출세한 사람이 인생의 마지막 길에서 비참한 꼴을 당하는 경우를 우리는 이 세상에서 너무나 자주 본다. 욕심 때문에 망하는 사람 역시 우리 주변에 정말 많다. 속된 말로 한때 잘나가던 사람의 몰골이 순식간에 말이 아닌 경우를 우리는 신문에서 거의 매일 본다.

나는 출근길에 '오늘도 감사해야지'라는 생각을 한다. 그러나 퇴근길에는 벌써 그것을 잊어버린다. 그래서 아침이고 저녁이고 항상 감사하면서 살려면, 같이 살게 되는 개의 이름을 '감사(感謝)'라고 지으면 되지 않는가라는 생각을 했다. 아내는 "그것 참 좋은 아이디어인데요, 개 이름으로서는 좀 어색하지만, 우리가 그렇게 부르면 이름이 되는 거지요, 뭐"라고 말했다.

'감사'라는 이름을 지은 이유가 또 있다. 직장생활을 하면서 가끔 감사(監査)를 받을 때가 있다. 감사를 처음 받을 때에는 불쾌했지만, 지나고 보니 감사를 정기적으로 받아야만 일을 태만하게 하지 않게 되는 것이 아닌가라는 생각을 하게 되었다. 무슨 일을 하든 간에 항상 감사를 받을 생각을 하면서 일을 하자라는 각오를 하는 것이 좋다는 생각을 했다. 그런데 그런 생각을 쉽게 잊어버린다는 데에 문제가 있었다. 그래서 잊지 않으려면 아침저녁으로 만나게 될 개의 이름을 '감사(監査)'로 지어 놓으면 된다는 생각을 했다.

앞의 감사(感謝)는 '감(感)'이 길게 발음되는 편이고, 뒤의 감사(監査)는 '감(監)'이 짧게 발음되는 편이다. 그러니까 긴 '감사'와 짧은 '감사'를 아침저녁으로 읊으면, 나의 삶이 결국 가장 좋은 삶이 되지 않겠는가라는 생각을 했다.

  나는 때로는 긴 '감사', 때로는 짧은 '감사'를 번갈아 부르면서 지금 살고 있다. 정말 삶이 이렇게 즐거울 수가 없다. 잘되어도 좋고, 잘되지 않아도 좋으니, 그 이상 무엇을 바라겠는가. 이 글의 서두에서 말한 그대로, '세상이 아무리 변하더라도 변치 않고 살련다, 감사와 더불어, 감사(感謝)하며, 감사(監査)를 받을 생각을 하며 살련다'라고 적은 이유가 여기에 있다. 세상이 아무리 변해도 인간 누구에게나 변치 않고 살아야 할 대목이 하나쯤은 있어야 하지 않을까 싶다.

원하는 것을 얻을 수 있는 열쇠에 대하여

문이 잠겨 있다. 꽉 잠겨 있다. 그 문을 열고 싶다. 문이 열리지 않는다. 문에 달린 손잡이를 잡는다. 힘있게 그 손잡이를 튼다. 문이 열리지 않는다. 나는 성질이 급하다. 열려야 하는 문이 열리지 않기 때문에 문을 부숴버리고 싶다.

문의 열림과 성질의 급함은 아무런 상관이 없다. 아무리 급하게 열려고 해도 닫힌 문이 열릴 리가 없다. 이런 경우 억지스러운 힘은 소용이 없다. 문에 알맞은 열쇠만이 필요하다. 잠겨 있는 문은 그 문을 열 수 있는 열쇠 없이는 절대로 열 수 없다.

문뿐만이 아니다. 우리가 가지는 소망의 경우도 마찬가지다. 소망의 성취는 그 성취를 위한 '열쇠'가 있을 때에만 가능하다.

자녀교육의 문제 때문에 많은 부모들이 고통을 받고 있다. 이 문제도 마찬가지이다. 고통을 덜려고 하면 그 고통을 덜게 하는 열쇠가 필요하다.

초등학교 1학년생인 철수가 울면서 집으로 돌아온다. 철수 엄마가 철수에게 말한다. "철수야, 너 왜 우니?" 철수는 대답이 없다. 철수 엄마는 성질이 급한 편이다. 철수 엄마는 어투를 달리 하면서 다시 말했다. "철수야, 너 왜 우니라고 엄마가 묻고 있잖아?" 철수는 여전히 대답이 없다.

부모 중에는 자식에게 짜증을 잘 내는 부모가 있고 그렇지 않은 부모가 있는데, 철수 엄마는 짜증을 잘 내는 편의 엄마였다. 따지고 보면 자식이 크게 잘못하는 것도 없는데, 어떤 일로 해서 속이 상했던지 자식에게 짜증을 잘 내는 부모를 우리는 주변에서 많이 본다. 철수 엄마는 짜증이 섞인 목소리로 "너, 내 말 안 들리니, 엄마가 왜 우니라고 묻고 있지 않아!"라고 다시 말했다. 철수의 대답은 "비가 와서 오늘 학교에서 소풍을 못 갔잖아"였다.

철수는 소풍을 많이 기다렸다. 소풍 가는 전날 밤은 잠도 이루지 못했다. 철수는 소풍이 그만큼 좋았다. 철수뿐만 아니라 인간이면 누구에게나 자기가 좋아하는 것이 있다. 자기가 좋아하는 것이 있고 그것의 얻음과 얻지 못함 때문에 이 세상에서는 여러가지의 희비극이 벌어진다. 어린 철수에게도 벌써 이러한 희비극이 엄마와 자기 사이에서 벌어지고 있는 것이다.

"사내아이가 소풍 좀 못 갔다고 해서 눈물을 흘리다니, 그래가지고서야 장차 어디에다 써먹겠니"라는 식의 말, "소풍이야 오늘 못 가면 내일 가면 되는 것이지, 그까짓 것 가지고 울면서 집으로 돌아오다니 참으로 한심한 아이 같으니라구"라는 식의 말을 철수 엄마는 했다. 철수 엄마의 말이 옳을 수 있다. 그러나 옳은 것하고 철수의 마음하고는 별개의 문제이다. 철수의 경우에만 그러한 것이 아니다. 인간에게는 누구나 자기의 사정이라는 것이 있다. 그래서 옳은 것만이 중요해지는 것이 아니다. 옳은 것보다 자기의 사정이 훨씬 중요해질 때가 있다. 그것은 어린아이의 경우에만 그러한 것이 아니라 인생을 오래 산 어른의 경우도 그렇다. 철수 엄마에게도 엄마의 사정이 있는 것은 분명한 사실이 아니겠는가.

철수는 엄마의 말이 귀에 들어오지 않는다. 서로의 사정이 다르기 때문이다. 철수에게는 소풍 못 간 것만이 내내 아쉬웠다. 소풍을 못 갔기 때문에, 울면서까지 안타까워하는 자기를 이해해주지 못하는 엄마가 서운하게만 생각되었다. 결국 엄마와의 대화는 이루어지지 못하고 만다. 철수는 자기 방으로 뛰쳐들어갔고, 소풍가지 못한 아쉬움과 엄마가 자기를 이해해주지 않는 아쉬움을 달래지 못해 다른 차원의 울음을 터뜨리고 만다.

이러한 상황에서는 엄마가 원하는 것을 얻었다고 말할 수 없다. 엄마의 말이 철수에게 교육적 효과를 발휘하지 못한 것이다. 말하는 것이 곧 교육적 효과의 얻음이 될 수 있다면, 말할 수 있는 사람은 모두가 위대한 교육자가 된다. 말하는 것이 문제 해결을 위한 열쇠 노릇을 못한다는 것을 우리 모두가 알면서도 너나 할 것 없이, 다른 사람의 사정은 아랑곳하지 않은 채로 자기 사정과 관련되는 말만을 하는 것이 우리 인간이다.

초등학교 1학년생인 영호가 울면서 집으로 돌아온다. 영호는 철수와 같은 반 학생이다. 영호도 철수와 마찬가지로 소풍가는 것을 오랫동안 기다렸다. 그래서 영호 역시 소풍가지 못한 것이 아쉬워서 울면서 집으로 돌아왔다.

영호 엄마는 철수 엄마와 달랐다. 이 말은 철수의 가정교육 환경과 영호의 그것이 다르다는 뜻이다. 학교교육도 중요하지만 가정교육이 중요하다는 것은 우리 모두가 안다. 아이가 어떠한 가정교육 환경에서 자라느냐에 따라 그 아이의 장래는 사뭇 달라진다. 엄마가 자식을 사랑한다는 것은 예외없이 모두 같다. 사랑한다는 차원에서는 모두가 같다. 그런데 사랑한다는 차원에서 모두가 같다고 해서, 모든 엄마들이 마련하는 가정교육 환경이 같다는 것은 아니다. 엄마의 성격에 따라서 엄청나게 다른 가정교육 환경이 마련된다.

영호 엄마는 "너 왜 울면서 집으로 돌아오니?"라는 말을 영호에게 한다. 여기까지는 철수 엄마와 같다. 영호는 철수와 마찬가지로 대답이 없다. 영호 엄마는 짜증부터 내겠다는 생각은 처음부터 하지 않는다. "영호야, 너 왜 울면서 집으로 돌아오니?"라고 다시 묻는다. 영호는 여전히 대답이 없다. 영호 엄마는 영호의 입장에 선다. '무슨 일이 생겼길래, 이 애가 울고 있을까'라는 생각을 한다. 위에서도 말한 것이지만, 엄마가 자식을 사랑하는 것은 예외가 없다. 그러나 자식이 매일 무엇을 하고 있는지에 대해서 세심하게 관찰을 하는 엄마는 그다지 많지 않다. 대부분의 엄마는 엄마 자신의 삶 때문에 바쁘기만 하다. 엄마에게 있어서 자식은 그냥 공부만 하고 있으면 되는 것에 불과하다. 자식이 매일매일 어떠한 삶을 살아가고 있는가에 대한 관찰은 무의미한 것이 된다.

영호 엄마의 경우는 달랐다. 간밤에 영호가 소풍 준비를 하고 있었던 것을 기억한다. 자식의 삶을 관찰해왔다는 증거이다. 영호 엄마는 지금 비가 내리고 있다는 사실도 관찰한다. 영호의 대답을 듣기 전에 엄마는 어떤 짐작을 한다. "영호야, 너 오늘 소풍가기로 되어 있었잖아, 그런데 지금 비가 내리고 있네, 소풍은 어떻게 된거야, 못 가게 된 것은 아니야, 이거 야단이구나, 너 얼마나 속이 상하겠니"라는 식의 말을 영호 엄마는 한다. 영호의 가정 환경은 철수 엄마가 마련하고 있는 가정교육 환경과는 출발부터가 다르다.

소풍 못 갔다고 해서 울고 있는 자식이 마음에 들 부모는 많지 않다. 영호 엄마의 경우도 속으로는 '이애가, 소풍 좀 못갔다고 해서, 울고 있다니'라는 생각이 들 수도 있다. 그러나 자식을 대하는 엄마의 태도가 발휘하게 될 교육적 효과에 대해서 영호 엄마는 평소에 깊이 생각을 하고 있었다.

영호 엄마의 태도는 영호에게 위안이 되었다. 자기의 사정을 엄마가 알아준다는 사실이 고맙게 생각되었다. 이 말은 결국 엄마와 영호 사이에는 대화가 이루어진다는 뜻이다. 이 세상의 모든 위대한 교육학자들은 자식과 부모 사이에 거짓 없는 대화의 이루어짐을 중요시한다. 거짓 없는 대화가 아이의 자라남에 있어서 참으로 중요한 역할을 한다는 사실을 강조한다. 소풍을 가지 못한 것에 화가 나긴 했지만, 영호에게는 집으로 돌아오니 자기를 이해해주는 엄마가 있었다. 영호의 집은 그러한 집이었다. 철수와 영호의 성장 과정에서 작용된 교육적 변수는 엄청나게 다른 것이다.

철수 엄마와 영호 엄마는 한달에 한번씩 만나는 '엄마의 모임'

에 참석하고 있다. 엄마들은 집에만 박혀 있는 것에 보람을 느끼지 못한다. 상당히 많은 경우 남편들은 아내가 집안에만 있는 것을 원한다. 부모와 자식의 입장이 다르듯이, 남편과 아내의 입장이 다르다.

한달에 한번씩 만나게 되는 '엄마의 모임'에서 일어난 일이다. 그 모임의 사회자가 이렇게 말한다.

'갑'이라는 가정이 있습니다. 이 '갑'이라는 가정에서 일어났던, 어느날 아침의 일이었습니다. 비가 내리고 있는 아침이었습니다. 초등학교 1학년생인 딸아이가 학교에 가야할 시간이었습니다. 엄마의 입장에서는 아이의 우산도 챙겨주고, 도시락도 챙겨주어야 할 형편이었습니다. 그런데 2층방에서 갓난 막내아이가 젖을 달라고, 째지는 소리를 내면서 울고 있었습니다. 식모라든가 가정부를 두고 있지 않는 엄마로서는 한꺼번에 두 가지의 일을 할 수가 없었습니다. 초등학교 1학년 아이의 등교 채비와 2층에서 울고 있는 막내아이 뒤치다꺼리를 동시에 할 수가 없었습니다. 그런데 거실의 전화가 울리기 시작했고, 부엌의 밥솥에서 밥 타는 냄새가 났습니다. 한꺼번에 여러가지 일이 벌어져서 엄마는 사면초가에 봉착하게 되었습니다. 이러한 판국에 2층에서 남편이 내려왔습니다. 내려오면서 남편은 이렇게 말했습니다. "당신, 결혼한지 몇년이 됐어, 아직도 밥 하는 법을 몰라, 밥 태우지 않는 법을 못 배웠어, 나는 탄 밥은 싫어, 당신은 도대체 어떻게 된 여자이길래, 남편 아침밥도 제대로 마련하지 못하는 거야" 이런 말을 남겨둔 채, 아침밥도 먹지 않고, 남편은 출근을 해버렸습니다. '갑'이라는 가정의 형편이 이러했다는 것입니다.

사회자가 이러한 말을 한 후, 철수 엄마에게 물었다. 만일 당신이 '갑'이라는 가정의 주부라고 한다면 어떻게 하겠습니까. 남편이 출근한 후, 행복이 가득한 집을 꾸미기 위해서, 말하자면 깨끗한 집안을 가꾸기 위해서, 집안청소 같은 것을 하겠습니까, 할 기분이 나겠습니까라고 물었다. 철수 엄마의 대답은 뻔했다. 아내의 입장을 이해해주지도 못하는 남편에게 화밖에 날 것이 없을 것이 아닌가라는 것이 대답이었다. 집안청소는커녕 아무 일도 하지 않고 울고 있기만 하든가 아니면 바깥으로 뛰쳐나가고 싶을 것이다라는 것이 대답이었다. 철수의 사정을 이해해주지 못했던 철수 엄마는 자기 남편이 자기를 이해해주지 못한 것에는 불만을 표시했던 것이다.

이어서 사회자는 '을'이라는 가정에 대한 이야기를 했다. 사정은 '갑'의 경우와 똑같았다. 아이의 등교 준비는 해주어야 하고, 전화소리는 울리고, 2층에서 젖 달라는 아이의 째지는 울음소리는 들리고, 부엌에서 밥 타는 냄새가 나고 하는 것은 마찬가지였다. 다른 것은 2층에서 내려오는 남편의 말뿐이었다. 남편은 "여보, 오늘따라 당신 정말 정신이 없겠구려, 아이는 울고, 비는 내리고, 밥은 타고 말이오, 당신은 2층에 가서 아이 젖 주는 일만 하구려, 나머지는 내가 하겠소, 밥은 좀 타면 어떻소, 탄 밥 먹어보는 것도 사는 재미 아니겠소"라는 식의 말을 한 것이다.

'을' 가정의 주부는 남편이 출근한 후, 자기를 이해해주는 남편이 고맙다는 생각을 하면서, 집안청소를 한다.

자식과 엄마의 관계에서나 남편과 아내의 관계에 있어서나 자기의 사정만이 있는 것이 아니라 남의 사정도 있다는 것은 마찬가지다. 철수 엄마가 철수의 사정은 이해해주지 않으면서 남편이 자기의 사정을 이해해주길 원한다면, 그것은 자기에게 편한 일만 골라서 하겠다는, 일종의 난센스를 범하는 꼴이 된다.

우리는 여기서 무엇을 생각해야 하는가. 이 세상에는 자기만 있는 것이 아니라 남도 있다는 사실을 인식해야 한다. 이 말은 문제 해결의 열쇠는 자기의 입장만을 생각하는 사고방식에서 벗어날 수 있는, 벗어남의 숙달도에 있다는 뜻이다. 문제 해결을 하려는 당사자의 사정만이 중요하고 문제 그 자체의 사정이 어떠한가를 생각하지 않는다면, 문제 해결의 열쇠를 찾기란 힘들 수밖에 없다. 자기가 아무리 놀고 싶어도 상대방이 놀 준비가 되어 있지 않을 때에는 같이 놀 수 없는 법이다. 자기가 원하는 것을 얻을 수 있는 열쇠의 발견은 자기의 생각이 어떤 방식으로 작동되고 있는가라는 것에 달렸다는 것을 알아야 한다. 사람들은 이 의미를 옳게 이해하지 못하기 때문에 수많은 문제로 골치를 앓으면서 이 세상을 살아가고 있다. 문제 해결의 실마리는 지금 당장 자기의 생각에 어떠한 문제가 있는가에 대한 반성에서부터 찾아진다는, 간단한 진리를 이해해야 할 것 같다.

프라하의 묘지에서

요즘들어 어떠한 삶을 나의 삶으로 받아들여야 하는가에 대한 생각을 자주 한다. 이런 생각을 할 때 나는 인간의 죽음에 대한 생각을 한다. 유명한 예술가로 공인된 사람은 국립묘지 같은 곳에 묻히게 되는, 그러한 묘지문화는 우리나라에 없다. 프라하에는 그런 문화가 있다.

생애 처음으로 체코의 프라하에 갔었다. 시내 구경을 시켜주는 안내자가 이건 14세기 때에, 저건 15세기 때 만들어진 것이라고 했다. 수백년간 같은 자리에 버티고 있는 아름다운 건축물들이었다. 그 건축물 속에서 오랜 세월 동안 수많은 사람이 살다 죽어갔고, 지금도 많은 사람들이 그 속을 드나들고 있었다. 프라하를 직접 경험하지 않았다면, 그 건축물, 그 사람들은 나에게 영원히 없는 것들이었다. 그것은 경주를 가보지 않은 프라하 사람들에겐 첨성대가 없는 것과 마찬가지가 아니겠는가. 객관적으로는 '있는 것'이 분명한데, 인간이 그것을 경험하지 못했을 경우에는 '없는 것'이 된다는 사실을 재확인하는 순간이었다.

나는 가끔 외국여행을 한다. 서로 다른 문화 속에서 서로 다른 삶을 살아가고 있는 인간들의 모습을 볼 때마다 인간은 참으로 불가사의한 존재들이라는 생각을 새삼 하게 된다. 또 내가 항상 놀라는 것은 인구증가의 현상이다. 세계의 큰 도시이면 가는 곳마다 예외없이 정말 엄청난 사람들이 들끓고 있다. 아! 저 많은 사람들을 모두 어찌해야 하는가라는 생각이 들 정도이다.

프라하에서도 마찬가지였다. 내가 전혀 몰랐던, 나의 삶과는 정말 무관했던, 그러나 국제적 역학관계 속에서 간접적으로 우리의 삶을 조건지우면서, 자기 나름대로 희로애락의 질곡 속에서, 집단의 역사를 창조해가면서, 수많은 사람들이 하루도 아니고, 천년을 넘게 살았다는 사실을 확인했다.

하루는 프라하에서 유명하다는 국립묘지 같은 곳을 가게 되었다. 유명한 예술가로 공인된 수많은 사람들이 한 곳에 묻혀있는 묘지였다. 관광의 명소였다. 외국에서 온 많은 관광객들로 그 묘지는 붐비고 있었다.

음악을 사랑하는 사람이면 누구나 스메타나와 드보르작이 유명한 작곡가라는 것을 안다. 스메타나와 드보르작의 묘가 같은 장소에 있었다. 나는 그들의 묘 앞에 서서 기념 사진을 찍었다. '스메타나씨여, 어릴 때부터 당신 음악을 좋아하던, 한국에서 온 이(李)모라고 하는 사람이오'라고 인사를 했다. 나는 좋은 작품을 쓰는 사람을 좋아한다. 만나서 친해지지 못하면 멀리서 그들의 이름이라도 거룩하게 만들고 싶다. 체코 출신의 수많은 유명 인사들이 누워있는 묘지, 그 묘지에서 스메타나와 드보르작보다 차라리 더 유명하다고 하는 인사들을 그 이름조차 모르면서 내가 지금까지 왜 살아왔을까라는 생각을 하면서 돌아섰다.

묘지에 있는 관광객들은 대부분이 늙은 부부들이었다. 죽음에 대한 감각이 아직 느껴지지 않아서 그런지 젊은 사람은 거의 없었다. 묘지에 있는 늙은 관광객들 역시 얼마 가지 않아서 어딘가에 묻힐 것이라는 생각을 하면서 그들을 스쳐 지나갔다. 그리고 이런 생각을 했다. 이 묘지 안에 묻힌 사람과 이 묘지를 찾은 관광객 사이에는 어떤 차이가 있을까라는 생각을 했다. 그 차이를 나는 아직도 모른다. 나와 동행한 사람에게 그 차이가 무엇일까라고 물어보았다. 그는 "영향력이 있는 사람과 없는 사람의 차이가 아니겠습니까"라고 했다. 나는 속으로 '영향력!'이라는 말을 외워보았다. 그 차이가 영향력 하나라고 단정짓기는 힘들지 모르겠지만 영향력이 하나의 측도가 되는 것은 분명한 것 같았다.

만일 내가 원하는 대로 된다면 나는 관광객이기보다 관광 대상이 되는 삶을 선택하고 싶고, 지고한 가치를 지닌 그리고 세계인들 전부가 관광 대상물로 여기는 우리의 문화를 창조하는 일에 일조하고 싶다는 생각을 하면서 그 묘지를 빠져나왔다.

목적 세우기 연습

'인간은 연습하는 것만큼 배운다' 라는 말이 있다. 음악 연극 영상 무용 미술 건축 분야의 실기 및 이론을 전공하는 학생들은 이 말의 의미를 옳게 이해해야 한다.

연습은 몸에만 해당되는 것이 아니다. 운동선수의 경우도 몸만을 연습하지 않는다. 마음의 연습도 한다. 다시 말해서 몸 연습과 마음 연습은 같이 가는 것이다.

피아노 연습, 무용 연습, 연기 연습, 데쌩 연습, 촬영 연습이라는 말은 들어본 것 같다. 그런데 몸이 아닌 마음이 작동하는 경우, 우리는 그냥 생각한다라는 정도의 말만 한다. '생각하는 연습을 한다'라는 말은 잘 하지 않는다.

아마추어의 생각과 프로의 생각은 다르다. 아마추어는 그냥 생각하는 사람이고 프로는 오랜 세월 동안의 생각하는 연습을 거친 사람이다. 책을 읽는 경우도 마찬가지다. 우리는 그냥 '책을 읽는다'라고 말을 한다. '책 읽는 연습을 한다'라는 말은 하지 않는다. 연습에는 반복적 행위가 수반되는데, 가령 미학사를 읽을 때에 그냥 읽어서는 되지 않는다. 이해가 될 때까지 그 책을 두고 읽는 연습을 반복적으로 해야 한다.

나의 생각으로는 예술 분야에는 두 가지의 연습이 필요하다. 하나는 기술 관련 연습이고 다른 하나는 가치관 형성 관련 연습이다. 전자는 해당 분야의 재료를 다룰 수 있는 기술 습득의 문제와 관련되고, 후자는 그 기술을 이용해서 하나의 표현물을 창출할 때 관여하는 가치의 우선 순위를 결정하는 능력이다. 기술은 좋으나 가치관이 신통치 않아도 문제가 생기고, 가치관은 대단하나 그 가치관을 현실화할 수 있는 기술이 없어도 문제가 된다. 이 때문에 들이쉬고 내쉴 때 생명이 유지되듯이, 기술 연습과 가치관 형성 연습이 호흡 관계에 놓일 때 예술가로서 생명을 유지할 수 있다.

내가 우리 학생들에게 하고 싶은 말은 단 한가지이다. 기술과 가치관이 한 예술가의 몸과 마음에서 같이 가는 것이라는 사실을 잊지 않으면서, '목적 세우는 연습'을 게을리하지 말아 달라는 것이 그것이다. 목적의 종류는 많다. 큰 목적, 작은 목적, 하잘것없는 목적, 훌륭한 목적, 자기 능력으로는 이룰 수 없는 목적 등 목적의 종류는 많다.

사람들은 누구나 목적을 세운다. 세운 목적을 성취하기 위해서 열심히 노력한다. 그러나 대부분의 사람들은 목적은 세워놓고, 그 목적을 성취하지 못한다. 그 이유는 무엇인가. 간단하다. 목적을 세워본 일은 있지만, 목적 세우는 연습을 한 경험이 없기 때문이다.

 목적 세우는 연습을 열심히 해본 사람은 성취될 수 있는 목적과 성취될 수 없는 목적을 구별할 줄 아는 능력을 갖는다. 연습 덕분으로 하찮은 능력에서 상당한 능력을 얻은 사람은 쉬운 목적에서 어려운 목적으로 자기의 목적을 고쳐 세울 줄 알게 된다. 그리고 세운 목적을 성취하는 것이 얼마나 어려운 일이라는 것을 알게 된다. 그래서 목적을 함부로, 기분대로 세우는 일은 하지 않는다. 과대망상증 환자가 되지 않는다.

 좋은 말이 없어서 인간이 훌륭하게 되지 못하는 것은 아니다. 좋은 말을 실천에 옮기지 못하기 때문에 인간이 훌륭하게 되지 못한다. 목적의 경우도 마찬가지다. 훌륭한 목적을 세울 줄 몰라서 인간이 훌륭하게 되지 못하는 것이 아니다. 세운 목적을 성취하기가 얼마나 힘들다는 것을 모르기 때문에 훌륭하게 되지 못한다. 현재의 자기 능력을 점검하고, 자기 주변의 여건을 점검하고, 앞으로의 자기 능력에 대한 생각을 하면서, 현재보다 조금 더 훌륭한 자기의 만듦을 위해서 적절한 목적 세우기 연습을 게을리하지 않는다면, 누구나 훌륭한 사람이 될 수 있다. 꿈이 중요하지 않다는 것은 아니다. 자칫 잘못하면 파멸로 이끌고 말 허황한 꿈에서 깨어나야 한다는 의미에서 목적 세우는 연습을 게을리하지 말아 달라는 것이다.

입학식 식사

 (전략) 신입생 여러분에게 오늘 세 가지의 '위하여'에 대한 말씀을 드리고 싶습니다. 세 가지의 '위하여'라는 말은 세 가지에 대해서 상처를 입히지 않아야 한다는 생각입니다.
 첫째, 우리는 어떠한 일이 있더라도 '음악'에 상처를 입혀서는 안됩니다. 음악에 상처를 입히지 않아야 된다는 말의 뜻은 이렇습니다. 가령, 좋은 음악을 나쁜 음악으로 연주하면, 음악에 상처를 입히는 것입니다. 또 가령, 음악의 전체를 사랑하지 않고 음악의 부분만을 사랑한다면, 그것 역시 음악에 상처를 입히는 꼴이 됩니다. 피아니스트가 피아노 음악만 사랑하고, 다른 매체로 만들어진 음악은 내 몰라라고 말하는 것은 음악의 부분만을 마음속에 두고 있는 사람의 생각입니다. 우리는 피아노라는, 음악을 만드는 수단인 악기, 다시 말해서 특정 매체의 노예가 되어서는 안됩니다. 그 매체를 통해서 얻으려는 목적인 음악 그 자체를 전체로 먼저 생각해야 합니다. 그래야만 음악이 상처를 받지 않습니다. 부분을 전체로 착각하는 사고방식은 음악에 상처를 입히는 꼴이 됩니다. 시공간을 초월해서 존재하는 음악의 본질을 외면하면 음악에 상처를 입히는 꼴이 됩니다. 질이 낮은 음악과 상종하는 행위 역시 음악에 상처를 줍니다. 음악에 상처를 주지 않도록, 우리는 음악을 위해야 합니다.

둘째의 '위하여'와 상관되는 것은 '인간'입니다. 음악만을 위할 것이 아니라, 음악을 하는 당사자인 인간 즉 음악가들을 위해야 합니다. 음악가들의 기득권을 수호하자는 의미에서 하는 말이 아닙니다. 우리 주변에서는 훌륭한 음악가보다 훌륭하지 않은 음악가가 보호되는 경우를 허다하게 봅니다. 음악가를 위하여라는 말은 훌륭한 음악가에게 상처를 입히는 일을 하지 말아야 한다는 뜻입니다. 여러분들은 하나같이 훌륭한 음악가가 될 사람입니다. 이 때문에 여러분들이 보호를 받아야 한다는 말과 같습니다. 여러분들에게 상처를 입힐 일은 하지 않으려는 생각을 해야 한다는 말과 그 의미가 통한다고도 볼 수 있습니다. 이 학교는 여러분을 보호할 것입니다.

음악과 음악가에게 상처를 입히지 않는 일에서 모든 일이 끝나면 되지 않습니다. 세번째의 '위하여'가 남아 있기 때문입니다.

어떻게 보면 이 세번째의 '위하여'가 더 중요합니다. 음악이나 음악가는 진공에서 태어나고 또 존재하는 것이 아닙니다. 모두가 특정 시공간의 특정 사회 안에서 태어나고 존재합니다. 음악과 음악가의 모태임과 동시에 존재 영역인, 우리가 사는 이 '사회'에 상처를 주는 행위를 해서는 안됩니다. 아무리 음악과 음악가가 보호를 받는다고 해도, 우리가 살고 있는 사회가 보호를 받지 못하면 우리 모두의 삶은 파멸에 이르고 맙니다. 우리는 사회에 상처를 입히지 않으려는 생각을 해야 합니다. 음악 못지않게 사회를 사랑하는 마음을 가져야 합니다. 애국심이라는 말을 유치한 말로 생각하는 정신상태는 이 나라에서 기필코 있어서는 되지 않을 것으로 봅니다.

결론적으로 말하면, 음악을 위하여 이 학교는 존재해야 하고, 인간을 위해서 이 학교는 존재해야 하고, 이 사회를 위해서 이 학교는 존재해야 한다는 것입니다. 그리고 이러한 사실을 인식하는 여러분이 되어주길 원합니다. (후략)

정청과 오청

정답(正答)이 있고 오답(誤答)이 있듯이, 음악을 들을 때에는 정청(正聽)이 있고 오청(誤聽)이 있다. 정청은 음악을 옳게 듣는다는 뜻이다. 옳게 음악을 듣는다는 말은 물리적 소리를 듣는 것이 아니라 음악적 소리를 듣는다는 뜻이다. 음악적 소리는 물리적 소리 없이도 들리는 소리다. 이 때문에 정청하는 사람은 없는 소리도 듣는다.

아이가 소리를 들었다고 하자. 이 말은 소리를 물리적으로 들었다는 뜻도 되고 음악적으로 들었다는 뜻도 된다. 음악을 모르는 아이의 귀에 어떤 소리가 들린다는 말은 물리적 소리가 들린다는 뜻이다.

'워 시 환 인 위 애'라는 소리가 물리적으로만 들렸다고 하자. 물리적으로만 들렸다는 말은 그 소리가 어떤 의미를 전달하고 있는 소통수단이라는 것을 몰랐다는 뜻이다. 듣기는 들었으되 그 의미를 해독하지 못하면 정청이 아니다.

'워 시 환 인 위 애'라는 소리는 '나는 음악을 좋아한다'라는 중국말이다. 중국말을 모르는 아이는 오청을 할 수밖에 없다. 음악의 경우도 마찬가지다. 대부분의 아이들은 정청이 아닌, 오청을 하고 있다.

음악교육은 눈 교육이 아니고 귀 교육이다. 단순한 머리 교육이 아니고 머리에 붙은 가슴의 교육이다. 악보가 음악에서 중요한 것은 사실이나 악보를 가르친다는 것은 눈과 머리의 교육이지 귀와 가슴의 교육이 아니다.

아이들에게 음악을 가르치려는 부모는 음악교육에 있어서 정청의 중요성을 인식해야 한다. 음악을 가르치고 싶은 부모는 교육의 시작을 중요시해야 한다. 악보나 피아노를 가르치기를 먼저 시작해서는 안된다. 악보나 피아노 치는 것을 가르치기 전에 정청을 가르쳐야 한다. 음악을 끝없이 듣게 해야 한다. 음악의 존재 방식을 모국어의 존재 방식과 같게 해야 한다. 모국어가 아이의 귀 주변에 언제나 있듯이, 음악을 아이의 귀 주변에 언제나 있게 해야 한다.

어느 음악잡지의 창간을 축하하며

　음악가는 음악을 마음속으로 생각할 때가 있고, 마음속에서 생각한 음악을 밖으로 드러낼 때가 있다. 마음속에서 생각만 하고 있어서는 음악가가 되지 못한다. 속으로 생각하고 있는 음악을 밖으로 드러낼 때 음악가가 된다. 하늘의 뜻이 땅에서도 이루어지이다라는 말이 있듯이, 음악의 경우도 마찬가지이다. 음악적 마음의 뜻이 마음 밖의 세상에서 이루어질 때 음악이라는 것이 탄생된다. 소리를 통해서 밖으로 드러내는 일은 음악적 행위로 나타난다. 음악적 행위개념은 이 때문에 음악의 세계에서 중요하다.
　얼핏 보기에 음악적 행위의 종류는 많다. 그러나 엄밀한 분석과 종합을 통해서 점검해보면, 네 가지 종류의 음악적 행위밖에 없다는 것을 알 수 있다. 이 세상에 존재하는 수많은 음악적 행위는 결국 이 네 가지 행위 중의 하나가 된다.
　이번에 창간되는 이 잡지는 이 네 가지 음악적 행위를 향상시키는 일에 도움을 주는 정보지가 되어주었으면 싶다. 네 가지 행위라고 하는 것은 기술행위, 지식행위, 태도행위, 미적행위를 말한다.

기술 행위라고 하는 것은 작곡을 할 때나 연주를 할 때나간에 그것의 수행을 위해서 필요한 기술과 상관되는 행위를 뜻한다. 기악의 연주에서뿐만 아니라 성악의 연주에서도 기교의 숙달은 필요하다. 연주에서만이 기교가 필요한 것이 아니다. 악보를 보고 그 곡의 구조를 파악하는 문제에서도 기교는 필요하다. 악곡의 구조를 쉽게 파악하는 사람과 어렵게 파악하는 사람의 차이는 악보를 다루는 기술행위의 차이와 상관된다. 분석기술, 작곡기술 등의 말이 이 때문에 가능한 것이다.

지식행위라고 하는 것은 음악에 관한 지식과 상관되는 행위를 뜻한다. 단순한 악전에 관한 지식이 있는가 하면, 고도로 개념화된 악곡 구조의 개념에 대한 지식도 있다. 다시 말해서 음악가가 되는 데에 필요한 음악 관련 지식의 종류는 많다. 이 지식과 관련되는 행위 능력의 계발 없이는 훌륭한 음악가가 될 수 없다.

태도행위는 음악 공부를 처음 시작하는 사람에게 특히 필요하다. 어떤 것에 대한 긍정적 태도와 부정적 태도를 인간은 가지게 마련인데, 음악에 대한 부정적 태도를 마음속 깊이 가지고 있으면서 음악을 하는 학생을 우리 주변에서 많이 본다. 부모의 강제적 권유에 못 이겨서 피아노 앞에 앉아 있는 어린이들이 많은 것을 보아도 그것을 알 수 있다. 음악을 사랑하는 것도 결국 음악에 대한 일종의 태도행위이다. 긍정적 태도행위의 계발이 음악가가 되는 길에 도움이 되는 것은 말할 필요가 없다. 음악적 가치관도 일종의 태도행위임은 말할 나위도 없다.

　미적행위는 음악성과 관련되는 행위이다. 기술행위 지식행위 태도행위가 아무리 좋게 계발이 되었다고 해도, 최종적으로 음악성과 상관이 없는 음악적 행위는 옳은 음악가가 되는 길과 거리가 멀다. 훌륭한 기술행위가 수반되지 않는 미적행위의 수행은 불가능하지만 말이다.

　잡지의 창간을 진심으로 축하하면서, 다시 한번 더 바라지만 음악을 지망하는 젊은이에게 이상에서 언급된 네 가지의 음악적 행위 계발에 필요불가결한 정보지 역할을 해주길 바라는 마음 간절하다.

제4부

양심의 소리

지나친 세일 광고

 새벽에 눈을 뜨면 하는 일이 하나 있다. 현관으로 나가서 조간 신문을 들고 들어오는 일이다. 조간을 보는 시간은 즐겁다. 세상 돌아가는 꼴이 왜 이 모양인가, 요즈음 신문에는 읽을거리가 왜 이렇게도 없는가라는 식으로 불평을 하면서도 조간을 보는 시간은 즐겁다.
 그런데 요즈음은 즐거움이 줄어든다. 신문지 사이에 끼여 있는 잡다한 세일 광고지 때문이다. 한장 정도 끼여 있다면 또 모를 일이다. 그런데 어떤 날은 신문이 주가 되는지 광고지가 주가 되는지 모를 정도다. 나의 경우는 조간을 여럿 보기 때문에 광고지가 더욱 거추장스럽다.
 사람에 따라 그리고 생각하기에 따라 아무 일이 아닐 수도 있다. 그리고 광고를 만들고 있는 사람과 광고를 필요로 하는 사람에겐 참으로 미안한 일이다. 그러나 나는 신문을 보려고 신문구독을 한 것이지 광고를 보려고 신문을 구독한 것이 아니다. 누가 시켜서 혹은 누가 묵인해서 일어나는 일인지 모르지만, 신문 사이에 끼여 있는, 분량으로 보아도 좀 지나치다 싶을 정도의 세일 광고지 삽입은 정말 문제가 있다. 다 먹고살려고 하는 일이 아닌가, 참으면 그만이지라는 생각을 할 수도 있다. 그러나 육체적 피곤함보다 심리적 피곤함이 주는 괴로움은 참기 힘든다. 세상이 온통 광고로 덮여 있다고 느껴질 정도다.

신문지 사이에 끼여 있는 광고가 아니더라도 우리는 이미 광고의 홍수 속에 살고 있다. 신문의 하단을 보면 거의 모두가 광고다. 신문에 실린 광고도 지겨울 정도인데, 신문 아닌 삽입 광고지까지 조간과 더불어 배달되고 있으니 도대체 이런 일이 왜 벌어지고 있는지 알 수가 없다.

조간을 들고 들어오다 사이에 끼여 있는 종이가 한장이 떨어질 때가 있다. 나는 그것이 신문의 일부분인 줄 알고 들고 들어온다. 알고 보면 그것은 세일 광고지다. 이 순간 나는 불쾌감을 느낀다. 그 광고지는 알맞은 속도로 그리고 방향이 정해진 나의 아침 행보를 삐끗거리게 만드는 심리적 장애물이 된다. 광고가 싫기도 하지만 광고를 보라고 강요당하는 것은 더욱 싫다. 더 심해지기 전에 누가 이 문제를 제도적으로 해소해주었으면 좋겠다.

좁은 문에서 구원을 얻는 21세기를 그리며

어떤 시점에서 일어나는 사건이 있다. 오늘이 시점이 되면, 아침에 일어난 사건과 저녁에 일어난 사건을 모두 기록할 수 있다. 오늘이 아닌, 이 달이 시점이 되면 아침과 저녁에 일어나는 사건을 기록하는 문제에 있어서 그 성격이 달라진다. 이 달이 아닌, 금년이 시점이 되면 사정은 더욱 달라진다. 금년이 아닌, 1세기가 기준이 되면 역사가의 사관 여하에 따라 기록될 사건이 선택된다.

현재와 시간적으로 가까운 시점이 있고 먼 시점이 있는데, 먼 시점에 있을수록 기록에서 누락되는 사건의 수는 늘어난다. 다시 말해서 오늘을 단위로 하면 열 개의 사건이 기록될 수 있다고 하더라도 백년을 단위로 하면 오늘 일어난 사건은 사건에 해당되지 않을 수 있다. 천년을 단위로 하면 그 성질은 더 달라진다. 현재와 시간적으로 먼 시점이면 먼 시점일수록 역사 서술 관련 시간 단위가 늘어난다. 서력 기원전에 대한 이야기는 백년 단위 오백년 단위 심지어는 천년 단위로 묶어지는 것을 보아도 그것을 알 수 있다.

　18세기는 이성이 지배했고, 19세기는 자유 천재 개념이 지배했다고 어떤 역사가는 서술한다. 생각하면 너무나 어처구니 없는 일이다. 수천 수만명의 삶이 있었을 것이고 그들이 서로 다른 삶을 살았을 것이 분명함에도 불구하고 이성이라는 말 한마디, 아니면 자유 천재라는 몇마디의 말로 인간 삶을 요약해버린다. 인간이 요약을 좋아하기 때문인지도 모른다.
　그러나 요약도 좋지만 요약 속에 포함될 수 없는 인간 삶은 얼마든지 있다. 20세기 혹은 21세기 식으로 역사적 공간을 세기별로 언급하는 것도 중요하지만, 그것이 중요하면 할수록 세기가 아무리 변하더라도 변하지 않는 것에 대한 이야기를 해야 한다. 이러한 의미에서 나는 삶의 두 축에 대한 이야기를 하고 싶다. 이 두 축을 생각하면서 21세기를 맞이하고 싶다.
　여기서 두 축이라고 하는 것은, 부모가 자식에게 하는 두 가지 유형의 말과 상통된다. '세상이 무서운 줄 알아야 한다' '이 세상에서 잘 살려면 세상이 시키는 대로 고분고분하게 살아야 한다' '학교에서는 선생님 말 잘 듣고 사회에서는 상사 말 잘 들어야 한다' '위험한 곳에는 절대로 가지 말아야 한다' 등이 그것이다. 자식을 걱정한 나머지 위와 같은 말을 하는 부모가 이 세상에는 많다. 부모의 말을 거역하는 사람치고 잘되는 사람 못 보았다는 말이 옳은 경우가 있는 것을 보면, 위의 말이 인간의 삶에서 깊이 고려되어야 할 하나의 축이 아닐 수 없다. 그렇다면 다른 또 하나의 축은 무엇인가. 사람들은 남녀노소 할 것 없이, 일상적 삶의 안일이 중요하다는 것을 안다. 그래서 부모들은 자식들에게 일상적 삶의 안일을 얻는 방법에 대한 훈계를 한다. 그러나 이 세상의 부모 중에는 일상적 삶의 안일보다 사람이 사람답게 살아야 한다는 것을 더 중요시하는 부모가 있다. 그래서 자식에게 '진리가 무엇인지, 착함이 무엇인지, 아름다움이 무엇인지 모르는 사람은 금수와 같다'라는 말을 한다. '자기 개인의 안일한 삶보다 백성과 나라를 걱정하는 삶을 중요시해야 한다'라는 말을 하는 부모도 있다. 이런 식의 말을 하면서 자식을 사람답게 키우려는 부모, 이런 부모의 말이 또 다른 삶의 축이 되지 않는다면, '위인의 어머니'라는 말이 이 세상에 왜 생겼겠는가. 전자에 해당되는 부모가 넓은 문의 권유자라면, 후자는 좁은 문의 권유자일지 모른다.

지금 여기서 이런 말을 하는 이유는 세상이 아무리 변해도, 인간 앞에는 언제나 넓은 문과 좁은 문이 있고 우리가 그것을 선택해야 하는 숙명에 놓이게 될 것이라는 생각 때문이다. 다른 한편 좁은 문이 역사를 움직이는 동력일까, 아니면 넓은 문이 역사를 움직이는 동력일까라는 생각도 들기 때문이다. 물론 그것들의 공존이 역사를 움직이는 동력이라는 생각이 더 옳을지 모른다.

『낭만음악』의 저자 아인슈타인에 의하면 낭만주의 운동은 문학 분야에서 먼저 전개되었는데, 이 운동의 초기에 가장 중요한 기수가 슐레겔(August Wilhelm Schlegel)이었다고 한다. 슐레겔은 단막극 하나를 썼다. '1801년 1월 1일 밤에 공연될, 아주 재미나는 신구(新舊) 세기 관련 카니발극'이 이 극의 제목이었다. 이 극의 암묵적 의도는 신세기를 누가 낳았는가에 대한 묘사와 관련된다.

이 극에서는 18세기를 구세기로 보고, 19세기를 신세기로 보았다.

　지혜는 인간에게 중요하다고 생각하는 것이 우리의 상식인데, 이 극에서는 지혜를 말라붙고 비틀어진, 추한 성격을 지닌 마녀에 비유한다. 합리주의에 의존하면서 재잘거리는 야비한 마녀를 구세기에 비유한다. 이런 구세기가 신세기의 어머니라고 선언한다. 신세기인 유아는 요람에 누워 있다. 악마는 염치없이 누워 있는 유아의 목을 비틀면서 유아와 더불어 지옥을 향해 진군한다. 행군이 끝나면 하늘에 구름이 걷히고 유아의 참부모가 나타난다. 천재와 자유라는 이름의 거룩한 한쌍의 참부모가 나타난다.

　이러한 단막극을 열고 닫는 사자는 극의 마지막에서 청중들을 1백년 후에 다시 오라고 초대한다. 그리고 2막을 보라고 한다. 2막은 우리를 더 즐겁게 할 것이라고 말한다. 그러나 19세기든 20세기든 우리를 더 즐겁게 하는 세기는 없다.

　이 극에서 지금 우리가 유추할 수 있는 것은 21세기에서도 마찬가지 현상이 벌어지지 않으리라는 법이 없다는 것이다. 겉으로 보면 변하는 것이 세상 같지만, 속은 언제나 뒤죽박죽인 것이 세상이라는 것이 암시되고 있는지 모른다.

　그러나 나는 인간이 21세기에 가서는 구원되었으면 한다. 절망과 고통의 연속은 견디기 힘들다. 구원의 길은 한가지뿐이라는 생각이다. 개인적 차원이 아니라, 집단적 차원에서 우리 모두가 좁은 문 택하기를 배워야 할 것 같다는 것이 그것이다. 욕심내지 말고, 남을 진심으로 사랑하는 법을 배워야 할 것 같다. 무욕과 사랑을 배우지 않는 한 인간에겐 구원이 없음은 분명하다. 인간의 지혜가 아무리 발달되고 경제와 기계문명이 아무리 발달한다고 하더라도 무욕과 사랑을 배우지 않는 한 인간에게 구원의 길은 없으리라는 생각이 든다.

말의 반환

"고향의 만수아저씨가 돌아가셨대요" 집사람의 전화 목소리는 떨렸다. 만수아저씨는 먼 친척이다. 사람이 죽었다는 소식이라 아내의 말은 떨렸다.

일 때문에 정신이 없을 때가 있다. 가까운 인척이 죽었다고 해도 신경이 쓰여지지 않을 정도로 바쁠 때가 있다. 그래서 만수아저씨의 부고 소식을 듣고 나는 그냥 "응, 알았소"라고만 했다. 사람이 죽었다는데 이럴 수가 있는가 싶었던지 아내는 "고향으로 무슨 연락 같은 것을 해야 되는 것 아니에요"라고 했다. 나는 "알아서 하겠소"라고 말하고 전화를 끊었다.

만수아저씨의 죽음에 놀라지 않은 것은 아니나, 사람이 죽었다고 했을때 언제나 그랬던 것처럼 '그렇다고 내가 지금 어쩌겠나' 싶었다. 하던 일을 끝내고 집무실에서 혼자서 눈을 감았다. 만수아저씨의 얼굴이 눈에 선했다. 생전에 자주 만나지 않았던 얼굴이지만 확연히 기억되었다. 제사 때나 명절 때 가끔 만날 수 있었는데, 만수아저씨는 언제나 주변에서 맴돌다가 사라져버리는 사람이었다. 그가 어떤 사람인지 나는 지금도 잘 모른다. 만수아저씨의 친형은 아직도 살아 있다. 동생이 먼저 죽은 셈이다. 죽음에는 선후배가 없다는 농담이 생각났다.

근년에 어머니의 죽음, 장모님의 죽음, 사돈의 죽음, 후배 친구의 죽음 등을 경험했다. 생각하면 모두가 기막힌 일들이다. 그런데 이상하게도 만수아저씨의 죽음이 다른 어떤 죽음보다 나를 슬프게 한다. 만수아저씨의 죽음 앞에서 그의 삶을 되돌아보았다. 만수아저씨의 입장에서 보면 그의 삶은, 말로 요약될 수 없는, 유일무이한, 의미있는 삶이었을 것이다. 그러나 인간 일반의 입장에서 보면 만수아저씨의 삶은 말로 요약될 수 있는 삶이 된다. 태어나서 웃고 울고 먹고 자고 기뻐하고 슬퍼하면서 한세상 살다 간 삶이라는 식으로 말이다.

그의 죽음을 애도하고 싶다는 생각이 들자, 그의 삶을 말로 요약되는 삶으로 두고 싶지 않았다. 말로 요약이 될 수 없는 그의 삶을 축복해주고 싶어서 하늘에다 말의 반환권을 요구하고 싶었다.

울음들의 화학작용

만원짜리 열 장이 있다. 합하면 10만원이 된다. 만원짜리 한 장이 더 생겨서 열한 장이 되었다. 11만원이 된다. 한 장의 만원짜리가 더 생김으로 해서, 10만원이 11만원이 되었다는 말은 합산효과가 생겼다는 뜻이다. 10만원과 11만원의 차이가 없는 것은 아니나, 새로 생긴 만원짜리가 기존의 열 장 안으로 들어가서, 화학작용을 일으키지는 못했다는 뜻이다.

회원 열 명이 있는 조직체에, 신(新)회원 한 명이 추가되는 경우는 어떻게 되는가. 신회원이 기존의 조직 안으로 들어가서 단순한 합산효과만을 생기게 하면 몰라도, 만일 화학작용을 일으킬 때에는 그 성격이 돌변하게 된다. 열 명 조직의 성격과 열한 명 조직의 성격이 완전히 다르게 바뀌어버릴 수 있다. 말하자면 전혀 새로운 조직의 탄생이 가능하게 된다는 것이다. 어찌 조직만이겠는가.

선과 색깔로 바다를 그리기는 쉽다. 그러나 소리로 바다를 그리기는 쉽지 않다. 그런데 드뷔시는 소리로 바다를 그렸다. 「바다」라는 드뷔시의 곡은 이 세상에 존재하는 수많은 곡에다 「바다」라는 곡을 하나 더 첨가한다는 식의 것이 아니다. 드뷔시의 「바다」는 합산효과 이상의 것이었다. 바다는 그림으로 그리기가 쉬운 것이지, 소리로 그리기는 힘들다는 통념의 사회에서 소리로 바다를 그릴 수 있다는 새로운 통념을 드뷔시는 만들었다.

오늘날 우리 사회에서는 다양한 사건들이 일어나고 있다. 최근의 이산가족 상봉이라는 사건은 어떤가, 그 정체는 무엇인가.

원하는 것을 얻지 못하면 아이들은 운다. 하고 싶은 일을 하지 못하게 해도 아이들은 운다. 울면서 아이들은 자란다. 자란다는 말은 어른이 되어간다는 말이다. 어른이 되어간다는 말은, 원하는 것을 얻지 못해도, 하고 싶은 일을 못하게 해도 울지 않는 법을 익혀간다는 뜻이다. 남과 북의 일반인들은 그동안 어른만이 되어가고 있었다. 그래서 울지 않고 살아왔다.

그런데 이번에는 이 어른들이 울었다. 남과 북의 모든 어른들이 울었다. 울어도 그냥 우는 것이 아니라 통곡이었다. 원하는 것을 얻지 못해서 우는 울음이 아니라, 원하는 것을 얻을 수 있으리라고는 꿈에도 상상하지 못하면서, 그동안 한을 품고 살았던 어른들의 터져버린 통곡이었다. 슬픔과 기쁨이 뒤섞인 형용하기 어려운 아픈 상처의 달램이었다.

남과 북을 합쳐서 200명의 이산가족 상봉이라고 한다. 그러나 이번의 상봉은 몇명이 상봉했다는 식의 숫자 놀음이 아니다. 울음의 단순한 합산이 아닌, 우리 모두를 울린 화학작용이었다. 화학작용이었다가 아니라 화학작용이어야 한다. 남과 북에 이 울음소리가 울려퍼지고, 그 퍼짐이 우리들의 가슴속에 파고들어 화학작용을 일으키고 또 일으켜야 한다. 그리하여 새로운 삶을 위한 문화적 기후를 탄생시키는 불가사의한 힘으로 변해야 한다. 눈물 한 번 흘리고 마는 일회성 행사로 이번의 만남이 끝난다면 합산효과 이상의 것을 얻을 수 없다. 합산효과로 끝나버리면 우리는 또 다른 50년을 기다려야 할지 모른다.

이산가족이 아닌, 일반 사람들의 몫을 나는 지금 생각한다. 우리 모두가 해야 할 일을 하지 않고서 우리가 원하는 것을 얻을 수는 없다.

매일 서로를 무심하게 보고 있는, 부모 자식, 남편과 아내 그리고 친지와 이웃들을 부등켜안고 그들과 헤어지지 않음을 감사해야 하며, 헤어지지 않음을 하나의 기적으로 알아야 한다. 내 앞에 그들이 있음에 감사하면서 그들과 마음으로 포옹을 하고, 진심으로 그들을 사랑해야 한다. 그리고 우리가 확인하고 인식한, 더 중요한 것이 있다. 우리 앞에 한 핏줄이 있음에 감사하면서 더이상의 헤어짐이 없도록 기도해야 한다. 그리고 더 굳세게 부등켜안고 울어야 한다. 이 울음이 세상을 진동시킬 때 우리들 후손의 삶에 진정한 축복이 있으리라고 확신한다.

좁은 문

 노벨상을 만든 노벨이 어느 하루 빠리의 호텔에 투숙했다. 호텔 방에서 조간신문을 읽고 노벨은 놀랐다. 자기가 죽었다는 기사를 보았던 것이다. 자기가 살아 있는데, 죽었다는 기사가 났으니 놀라지 않을 수 없었다. '노벨은 이러저러한 사람이었다'는 기사를 신문은 싣고 있었다.
 노벨은 그 기사 내용이 마음에 들지 않았다. 자기가 기사 내용대로 살다가 간 사람이라면, 자신은 잘못 산 것이 분명했다. 노벨은 기사 내용을 고치고 싶었다. 자기가 정말로 죽었다면 기사 내용을 고칠 수 없다. 그러나 자기는 기사 내용을 고칠 수 있는 삶을 살 수 있게, 아직 살아 있다. 노벨의 형이 죽은 것을 노벨이 죽은 것으로 기자가 잘못 알고 쓴 기사였는데, 그 기사 후 노벨은 새로운 삶을 살았다.
 지금 왜 이런 이야기를 하는가. 어떤 것의 가장 좋은 상태라는 말을 생각하면서 우리의 삶에 대해 반성해보기 위해서다. 노벨의 경우, 자신이 죽었다는 기사가 실렸을 때를 현재로 한, 현재의 삶이 있었고, 그 이후에 전개된 새로운 삶이 있었다. 그것이 무엇이든, 사물이든 인간이든 예술이든 그것에는 현재의 상태와 그것의 가장 좋은 상태가 있다. 자기가 죽었다는 신문기사에서 받은 충격 때문에 현재의 자기 삶보다 가장 좋은 상태의 자기 삶을 노벨이 추구했듯이, 우리도 삶의 과정에서 어떤 충격을 받아야 한다. 그래서 현재의 상태가 아닌, 가장 좋은 상태의 삶을 추구해야 한다. 물론 어떤 것의 가장 좋은 상태를 얻는 것은 쉬운 일이 아니다. 분명한 것은 그냥은 안된다는 것이다. 피나는 노력이 있어야 한다. 대부분의 경우, 넓은 문보다 좁은 문으로 들어가는 사람이 어떤 것의 가장 좋은 상태를 얻는다. 어떤 일에 성공한 사람치고, 쉬운 문을 통과한 사람을 본 적이 없다. 자기를 참으로 사랑하는 사람은 언제나 좁은 문을 택하고, 진정한 가치를 인식케 하는 충격을 귀하게 여긴다. 좁은 문이 자기를 위해서나 우리나라를 위해서 얼마나 소중한 것인가를 안다.

어물거리는 삶

　글을 원고지에 쓰다가 요즈음은 컴퓨터로 쓴다. 글은 생각이 떠올라야 쓴다. 생각이 떠오르는 순간에는 생각의 앞뒤를 둘러싸고 있는 어떤 분위기가 내 마음 안에서 인다. 이런 분위기가 일 때에는 무언가 참기 어려운 형편에 놓이게 된다.
　컴퓨터가 작동되려면 전원을 켜야 한다. 생각이 떠올라 글을 쓰려고 하는데, 컴퓨터의 전원이 켜져 있지 않아 전원을 켜고 컴퓨터가 작동될 때를 기다리다보면 떠올랐던 생각의 형상이 흐려진다. 원고지의 경우는 작동될 시간을 기다릴 필요가 없다. 언제나 전원이 켜져 있는 상태가 아니던가. 물론 원고지가 준비되어 있다고 해서 글이 저절로 쓰여지는 것은 아니다. 그러나 켜져 있지 않은 컴퓨터 때문에 떠오른 생각의 앞뒤 관계를 놓치면 짜증이 난다. 컴퓨터를 버리고 원고지로 되돌아갈까라는 생각을 해본다. 그러나 현재 나에겐 컴퓨터가 능률적이다. 손으로 쓴 내 글씨가 나는 싫다. 그래서 컴퓨터를 계속 사용한다. 생각이 떠오를 때의 분위기를 놓치고 싶지 않아서 자는 시간 외에는 컴퓨터의 전원을 언제나 켜놓는다.

  문제는 컴퓨터의 전원은 켜져 있는데 생각이 떠오르지 않을 때가 많다는 것이다. 생각이 떠오르지 않을 때에는 컴퓨터 배터리의 전력만 소모된다. 전기를 아끼기 위해서 전원을 끄면 그때 생각이 떠오른다. 급히 전원을 켜고 작동될 때까지 기다리는 동안 생각의 분위기는 또 떠나버린다. 나는 컴퓨터를 버리지도 못하고, 원고지를 다시 찾지도 못한다. 가진 것을 버리지도 못하고 버린 것을 다시 찾지도 못하는 게 요즈음의 어물거리는 내 삶 같다.

견딤의 의미

　아무도 없는 깊은 산속에서 혼자 등산을 하다가 실족을 한 사람이 있었다. 등산객은 절벽 밑으로 떨어질 신세가 되었다. 절벽 밑으로 떨어지면서 생기는 가속도로 몸이 땅에 부딪치면 모든 것은 끝장이었다. 참으로 아슬아슬한 찰나였다. 등산객은 천운으로 절벽 옆에 비져나온 소나무 가지를 잡을 수 있게 되었다. 그래서 소나무 가지에 달랑달랑 매달려 있게 되었다. 누구의 도움 없이는 구출될 수가 없는 상황이었다.
　움켜쥐고 있는 소나무 가지를 놓으면 몸은 가속도를 내면서 땅바닥에 떨어질 것이 뻔했다. 등산객은 의식적 무의식적으로 죽을 힘을 다해서 소나무 가지를 움켜잡고 있었다. 잡으면 살고, 놓으면 죽는다. 잡음은 고통이요, 놓음은 평화였다.
　등산객을 구출하러 오는 사람은 없었다. 시간이 지나면서 등산객은 고통을 견디지 못했다. 참을 수 없는 고통 때문에 그는 고통에서 해방되기를 원했다. 소나무 가지를 놓으면, 놓는 즉시 원하는 해방을 얻을 수 있었다. 그러나 누구나 쉽게 알 수 있듯이 그것은 죽음을 의미했다. 그는 고통을 견디었다. 견딜 수 있을 때까지, 그리고 견딜 수 있을 만큼.

저쪽 하늘에서 헬리콥터가 날고 있었다. 헬리콥터 안에 타고 있던 한사람의 눈에 절벽에 매달려 있는 사람이 비쳤다. 인간들은 이것을 기적이라고 했던가, 행운이라고 했던가. 헬리콥터 안에 탄 사람의 눈에 등산객이 비쳤다는 사실은 우연의 사건으로 볼 수 있다. 그러나 그것은 우연이 아니었다. 등산객이 견딜 수 있을 때까지, 그리고 견딜 수 있을 만큼 견디었던 것과 상관이 있다. 기적이나 행운이 찾아옴은 결국 견딤과 필연적 관계가 있었던 것이다. 얼핏 보면 우연의 소산 같은 것이, 조심스럽게 관찰해보면 필연의 소산인 것이 우리 주변에 얼마든지 있다. 다만 우리가 그것을 모르고 있을 뿐이다. 자기가 원하는 것이 있으면 그것을 끝까지 잡고, 그 잡음의 고통을 끝까지 견디고 있으면 모든 것이 필연이 된다는 이 평범한 교훈의 의미를 과연 우리는 얼마나 알고 있을까.

신문 불감증

　음악을 들으면서 공부하는 학생이 있다. 공부는 되는지 몰라도 그러한 학생은 음악불감증 환자가 된다. 피아노 소리를 듣는 것과 피아노 음악을 듣는 것은 그 성격이 다르다. 피아노 소리가 아름답다고 해서, 소리만 듣고 있는 학생이 음악의 아름다움을 듣고 있는 것은 아니다. 소리를 들으면서 음악을 듣는 것으로 착각하고 있을 뿐이다. 소리의 앞뒤 관계가 마련하는 미묘한 음악적 논리성을 감지하는 것과 소리가 섞일 때 생기는 막연한 분위기를 듣는 것은 그 성질이 근본적으로 다르다.
　소리가 아닌, 음악을 만난다는 것은 영원한 애인을 만나는 것과 같다. 공부를 하면서 영원한 애인을 만나는 사람이 있을까. 영원한 애인은 만나기도 쉽지 않고, 만나게 된다면 자기의 온 정성을 가다듬고 만나야 한다. 공부하면서 애인을 만나는 사람은 애인불감증 환자가 아닐 수 없다. 과거의 어떤 음악인은 일생 동안 베토벤 9교향곡을 단 4번 들었다고 한다. 영원한 애인을 단 4번 만났다는 것에 비유할 수 있다. 만날 때마다 자기의 온 넋을 동원해서 만났을 것이고 그래서 자기의 인생을 걸 정도로 만나고 있는 순간을 중요시했을 것이다. 그러한 9교향곡을 레코드가 있다고 해서 오늘날 사람들은 매일 듣는다. 음악이 아닌 소리만 듣고 있는 음악불감증 환자에게만 일어날 일이다. 레코드가 나온 뒤부터 인간의 음악 감각이 퇴보하고 있다는 말이 생긴 이유를 곰곰이 생각해 볼 필요가 있다.

    레코드 관련 음악불감증 환자만 있는 것이 아니다. 주위에는 신문 관련 도덕불감증 환자가 수두룩하다. 나쁜 일에의 보도를 접하고서도 나쁜 일인 줄 모르고 있는 사람이 많다. 명곡을 함부로 듣지 말아야 하듯이, 신문을 함부로 보지 말아야 할 것 같다. 참 인간성의 회복을 위해서, 명문의 한 자 한 자를 온 정성을 다해서 읽어야 할 것 같다.

양심의 소리

 너는 누구냐. 나에게 있어서 너는 누구냐. 너의 이름은 무엇이냐. 너는 나에게 신기한 존재다. 무서운 존재다. 귀한 존재다. 너를 만나면 나에게는 항상 이상한 일이 벌어진다. 너를 만나면, 내가 그동안 살았던 방식에 대한 참회의 심정을 느낀다. 반성의 기회를 가진다. 참 아름다움을 찾는다. 그냥 살고 있을 때에는 모른다. 그러나 너를 만나기만 하면 그동안 잊고 살았던 것을 생각하게 된다. 그리고 생각한 그 내용의 가치를 인정하게 된다. 그 가치를 외면하고 살았던 나를 원망하게 된다. 네가 누구인지는 몰라도 너는 나에게 중요하다. 너의 이름은 '양심'이던가.
 도깨비라는 말은 들어보았으나 도깨비를 실제로 본 적이 없다. 기적이라는 말 역시 마찬가지다. 말은 있으나 기적을 실제로 본 일은 없다.
 그렇다면 양심이라는 말은 어떤가. 실제로는 없고 말만 있는 것이 양심인가. 인간 누구나 양심을 가지고 있다고 생각한다. 양심대로 살면 이득보다 손해를 보기 때문에 양심을 내세우지 않아서 그렇지, 실제로 이 세상에 양심은 있다고 믿는다. 소수가 되겠지만, 손해를 보면서도 양심대로 사는 사람이 있는 것을 보면 그것을 안다.

나는 기회가 닿는대로 양심에 대한 이야기를 하고 싶다. 잡지의 양심, 작곡가의 양심, 연주가의 양심 등, 인간이 가져야 할 양심에 대한 언급을 하고 싶다. 평론가나 음악학자의 양심에 대해서도 언급하고 싶다. 음악교육가, 음악기자, 음악기획자, 음악교수의 양심에 대해서도 언급하고 싶다. 양심대로 사는 사람에게 감동받는 이유도 언급하고 싶다.

레슨은 무엇 때문에 하는가, 음악하는 사람에게 역사의식은 왜 필요한가, 우리가 국악을 알아야 하는 이유는 무엇인가, 현대인은 왜 현대음악을 알아야 하는가, 음악은 누구를 위해서 있는가, 우리나라 연주가들이 하루에 레슨은 몇시간 하며 연습은 몇시간씩 하는가, 연주가의 본분은 레슨인가 연습인가라는 문제에 대해서도 언급하고 싶다.

물론 이외에도 비평의 기능 내지 기준 문제라든가, 이상과 현실 사이에서 벌어지는 여러가지 갈등에 대한 언급도 하고 싶다. 창작음악 진흥 방책에 대한 언급도 하고 싶고, 음악교육의 핵이 무엇인가에 대한 언급도 하고 싶다. 이 모든 문제에 대해서 양심을 걸고 언급하고 싶다.

양심이 그냥 작동되는 것은 아니다. 양심이 밥 먹여주냐라는 말이 있지 않은가. 양심에는 그것이 작동되는 맥락이 있는 것 같다. 인간이면 누구나 가지고 있는 양심인데도 그 누구나가 양심대로 살지 않는다. 그 이유는 무엇인가. 양심이 작동될 수 있는 맥락이 쉽게 성립되지 않기 때문이 아닌가 싶다. 그렇다면 이 맥락이라는 것은 무엇을 의미하는가.

 효모라는 말이 있다. 효모는 성장의 맥락을 형성한다. 양심 작동의 맥락 역시 효모의 유무(有無)와 상관된다. 술은 그냥 만들어지는 것이 아니다. 누룩이 있어야 만들어진다. 꽃은 그냥 피는 것이 아니다. 씨앗과 밭이 옳은 작인(作因) 역할을 해야 한다. 무엇을 있게 하려면 그것을 있게 하는 작인이 있어야 한다. 양심 작동의 맥락 형성에서도 작인이 있다. 그것은 무엇인가. 실천가다. 단 한사람의 실천가다. 옳은 말이 있고 옳지 않은 말이 있는데, 옳은 말을 말 그대로 실천하는 사람이 실천가다. 실천가는 효모 역할을 한다. 남에게 대접을 받고자 하거든 남을 먼저 대접하여라라는 말이 만일 옳은 말이라면, 그 옳은 말을 말 그대로 실천하는 사람이 누룩이요, 효모요, 씨앗이다. 반드시 최고의 옳음만을 실천해야 하는 것이 아니다. 옳은 의미의 실천가는 쉬운 것부터 고쳐나가는 사람이다. 쉬운 일부터 반성하고 참회하는 사람이다. 사소한 착오부터 고쳐나가는 일에 실천성을 보이는 사람이 참 의미에서의 실천가다. 실천가 한사람이 있으면 그 주변 사람들의 양심이 작동되는 맥락이 형성된다.

 성경에 농부의 씨뿌리는 이야기가 있다. 기독교인이든 아니든 상관없이 씨뿌리는 이야기는 우리에게 좋은 생각을 하게 한다. 씨가 길가에 뿌려지면 새들이 먹어버린다고 한다. 그래서 씨뿌린 이유가 없어진다고 한다. 돌밭에 떨어진 씨의 경우는 뿌리는 내리지만 양분이 없어서 곧 말라 죽어버리고, 가시밭에 떨어진 씨의 경우는 싹은 나지만 가시덤불의 기운에 밀려서 시들어버린다고 한다. 옥토에 떨어진 씨만이 60배 혹은 100배의 열매를 맺는다고 한다.

 옥토의 씨앗과 같이, 효모 역할을 하는 단 한사람의 실천하는 인간이 있으면 그 효모 때문에 그 효모 주변에 있는 사람들의 양심은 작동되리라 믿는다. 개인적 차원에만 작동시키는 것이 아니라 집단적 차원에서도 작동시키는, 이른바 양심 작동의 새로운 문화의 창조가 가능하다고 믿는다. 목숨을 걸고서도 옳은 말만을 하고 또 말한 그대로 실천하는 사람의 유무가 양심이 작동되는 맥락의 성립 여부를 결정하는 것으로 믿는다. 양심은 있는 것인가라고 묻지 말고 자기 양심이 시키는 대로 실천을 하면 될 일인 것 같다.

양심적인 작곡가

　우리나라에서 이름난 작곡가는 대부분 대학의 작곡과 교수다. 작곡과 교수는 학생들에게 작곡을 가르친다. 무엇을 가르치는 것일까. 한마디로 작곡법을 가르친다. 작곡기술 즉 수단을 가르친다. 기술을 마스터한 사람은 예술을 창조한다. 예술의 창조는 수단이 아니라 목적이다. 작곡을 가르친다는 뜻은 예술 즉 목적을 가르친다는 뜻도 된다. 그런데 과연 목적을 가르치고 있는 것일까. 목적을 가르친다는 명분 아래서 수단을 가르치고 있는 것은 아닐까.
　기술을 가르치는 것과 예술을 가르치는 것은 그 성격이 같지 않다. 기술과 예술을 가르치는 문제는 서로 연관이 있는 것이지 따로 노는 것이 아니다라고 말하는 사람이 있다. 그러나 쇤베르크에 따르면 예술 개념과 기술 개념이 서로 다르다. 예술은 '반드시 해야 함'의 개념과 관련되고, 기술은 '할 수 있음'의 개념과 관련된다.

　이 말은 기술 지도 개념과 예술 지도 개념이 본질적으로 다르다는 것을 의미한다. 그리고 학생들에게 참으로 옳은 지도를 하려면 이 개념의 구별이 필요하고, 이 개념의 구별은 인식력의 차이와 상관된다기보다 양심의 개입 문제와 상관된다는 의미에서 중요하다.

　반드시 해야 함과 할 수 있음의 개념은 어떻게 서로 다른가. 기술자는 어떤 일을 할 수 있는 사람이다. 잘하든 못하든, 뜻이 깊은 일이든 뜻이 얕은 일이든, 구식으로든 신식으로든, 무엇을 할 수 있는 능력을 가진 사람이다. 그렇다면 예술가는 어떤 사람인가. 어떤 일을, 하면 할 수 있는 사람이라기보다 그것을 하지 않으면 죽어야 하는, 그것을 반드시 해야만 하는 사람이다. 저 여인과 결혼을 할 수 있다라고 말하는 사람과 저 여인과 결혼하지 않으면 죽어야 한다라고 말하는 사람은, 저 여인에 대한 생각과 태도가 근본적으로 다르다. 하고 싶고 하고 싶지 않고의 문제가 아니라 그것을 하지 않으면 안되는, 반드시 그것을 해야만 하는 것이 자기의 운명이 되는 사람이 예술가다.

　지금 왜 이런 소리를 하는가. 학생들에게 작곡 지도를 할 때 기술을 지도해야 하는가, 예술을 지도해야 하는가라는 문제를 놓고 양심적으로 생각해보자는 의미에서다. 옳은 의미에서는 어느 한 쪽의 지도도 쉽지 않다. 그러니까 둘 다 지도해야 한다라고, 그냥 쉽게 이야기해버릴 수 있다. 그러나 문제를 그렇게 쉽게 처리해버리지 말아야 한다.

작곡은 아무나 하는 일이 아니다. 그런데 요즈음 형편은 다르다. 음대마다 작곡과가 있고 작곡과 교수마다 제자들을 가지고 있다. 이러한 현상은 누구나 작곡을 가르칠 수 있고, 아무나 작곡을 배울 수 있다는 뜻이 될 수 있다. 그러나 사실 작곡은 아무나 배울 수 있는 것도 아니고, 누구나 가르칠 수 있는 것도 아니다.

기술은 모르겠으나 예술은 남이 가르쳐서 되는 일이 아닐 경우가 많다. 할 수 있는 능력과 하지 않으면 죽는 능력은 그 성질이 다르다. 음악을 할 수 있다라고 말하는 사람과 음악을 하지 않으면 죽겠다라고 말하는 사람은 근본적으로 다른 사람이다. 그것을 하지 않으면 죽어야 하는 사람이 되도록 가르친다는 일은 그러니까 남이 가르치는 것이 아니라 스스로 자기 안에서 결심되어지는 것이다.

다시 한번 더 물어보자. 작곡과 교수는 기술을 가르쳐야 하는가, 예술을 가르쳐야 하는가. 천재라는 말을 나는 좋아하지 않는다. 그러나 나는 이런 말을 할 수 있다. 그것을 할 수 있다라고 말하는 사람은 이 세상에 많으나 그것을 하지 않으면 죽어버리는 사람은 많지 않다. 후자의 생리를 가진 사람과 천재는 밀접한 관계를 가지고 있다고 생각한다. 후자의 생리를 가진 사람을 나는 천재라고 부르고 싶다. 그렇다면 천재는 다른 사람에게 어떤 것을 배운다기보다 자기 스스로에게 배우는 사람일지 모른다. 배우지 않으면 죽어야만 되게끔 태어난 사람이기 때문이다. 작곡을 할 수 있다가 아니라 작곡을 하지 않으면 죽을 수밖에 없는 사람이니까, 살기 위해서라도 작곡을 할 수밖에 없고 작곡을 배울 수밖에 없다.

　0.99와 1은 다르다. 월급이 1이라고 하자. 1을 받아야 하는데 0.99밖에 받지 못하는 경우가 생긴다면, 1과 0.99의 차이가 대단한 것이 아니기 때문에 1 대신 0.99를 받을 수 있다. 여기서 받을 수 있다의 개념은 위에서 언급된 할 수 있음의 개념과 상관된다. 1을 받지 못하면 죽어야 한다의 개념과는 상관이 없다. 일상생활에서 벌어지는 여러가지의 일들에서는 1 대신 0.99에 해당되는 것을 받을 수 있다. 그리고 그것을 받아도 큰 문제가 생기지 않는다. 그러나 사정이 전혀 달라질 때가 있다. 예술의 경우다. 가령 1 같은 완전한 사랑과 0.99 같은 완전한 사랑은 아니나 완전한 사랑에 근접한 사랑이라는 것이 있을 때, 기술자에 비유되는 사람은 0.99를 받을 수 있을지 모르나 예술가에 비유되는 사람은 1을 받지 못하면 죽어버리는 사람이다. 예술가가 만일 1 대신 0.99를 받고 만족하려면 양심을 속여야 한다. 완전 비슷한 것과 완전한 것은 근본적으로 서로 다르기 때문이다.

　지금까지 언급된 맥락에서 기술과 예술이라는 말을 이해한다면 기술 개념은 양심을 속일 때 수용되는 개념이고 예술 개념은 양심을 속여서는 수용될 수 없는 개념이다.

　작곡가는 생활이라든가 지도이념 문제라든가에서 자기 나름대로 어떤 것에 대해 가치를 부여한다. 양심을 속이면서 가치를 부여하는 것과 속이지 않고 가치를 부여하는 것은 그 성질이 다르다. 기술을 가르치는 것과 예술을 가르치는 문제에 있어서도 양심을 속이면서 가르치는 것과 속이지 않으면서 가르치는 것은 전혀 다르다. 작곡가가 현대 기법으로 작품을 쓸 때에는 더욱 그렇다. 자기가 악보 위에 그려놓은 음표에서 어떤 소리가 날 것인지 확실히 모르면서 대충 악보만 그려넣는 일을 하는 사람이 있다면 그 사람은 양심을 속이는 사람이다. 0.99를 1로 받아들이는 사람이다.

학생을 지도할 때나 작품을 쓸 때나 작가로서 일상적 삶을 영위할 때나 진정한 작곡가가 되려면 양심의 소리에 귀를 기울여야 한다. 0.99가 아니라 1을 받아들이려는 연습을 해야 한다. 그러한 연습의 소리가, '목소리'와 '음소리'가, 우리 주변에서 많이 울렸으면 좋겠다.

양심적인 연주가

 야구 경기장에는 사람이 모인다. 음악회장에는 왜 사람들이 모이지 않는가. 대중가수들이 베푸는 노래 쇼에는 사람이 모인다. 순수음악을 연주하는 연주회장에는 왜 사람들이 모이지 않는가.
 운동의 경우는 경기 규칙이 어렵지 않다. 규칙 공부를 많이 하지 않아도 운동경기를 누구나 쉽게 즐길 수 있다. 이기고 지는 것이 눈앞에서 분명히 나타나고 시시각각 승패의 상황이 바뀐다. 즐겁지 않을 수 없다. 음악의 경우는 다르다. 이른바 음악 감각이 개발된 사람에게만 음악 감상이 가능하기 때문에 누구나 음악을 즐길 수 없다. 이 때문에 운동 경기장보다 음악회장에 사람이 상대적으로 적게 모이는 것은 당연하다.
 사람들은 자기가 모르는 것보다 아는 것을 좋아한다. 알기는 알되 너무 쉽게 알게 되는 것보다, 일이 어떻게 벌어질지 모를 아슬아슬한 사건을 좋아한다. 운동경기의 경우는 대부분 운영방식이 쉽게 이해되고, 승패와 관련되는 아슬아슬한 사건들이 많이 벌어진다. 그래서 대부분의 사람들이 운동경기를 즐긴다. 모르는 영어책 안에 아무리 재미있는 이야기가 쓰여져 있다고 하더라도 그 영어책을 즐길 수는 없다. 음악이 아무리 훌륭하다고 하더라도 음악 감각이 개발되지 못한 사람이 음악을 즐길 수는 없다.

다시 말하지만 대중가수의 노래 쇼에는 사람이 많이 모인다. 세계적으로 유명한 교향악단이나 세계적으로 이름이 난 연주가의 연주회장은 예외로 친다고 하더라도, 순수음악이 연주되는 국내인 연주회장에는 사람이 적게 모인다. 왜 이런 일이 벌어지는가.

이유는 두 가지다. 첫째, 일반인의 차원에서 보면 순수음악의 연주회장에는 대개의 경우 모르는 음악이 연주된다. 둘째, 연주를 잘하지 못하기 때문에 사람들이 모이지 않는다. 대중가수들이 베푸는 노래 쇼는 그 성격이 다르다. 대부분의 경우 아는 노래를 부르고 또 가수들이 노래를 잘 부른다. 여기서 '잘 부른다'라는 말의 의미는 무엇인가. 가령 이미자가 노래를 부르면, 국민들 대부분은 그 노래를 안다. 그리고 이미자는 노래를 잘 부른다.

대중음악과 순수음악의 가치를 놓고 여기서 왈가왈부하자는 것은 아니다. 여기서 왈가왈부하고자 하는 것은 이미자다움이라는 것이 있다는 사실과, 그 이미자다움을 창출해낼 때 필요한 수단의 동원 개념이 있다는 사실이다. 이미자는 이미자다움이라는 일종의 표현을 자기 식으로 그리고 스스로 창조한 사람이다. 그리고 그 표현 목적을 성취하는 데에 필요한 수단을 백 퍼센트 마련해놓고 있다. 언제 어디서나 거의 백 퍼센트, 수단 동원을 완벽히 강구

해놓고 있다. 그래서 이미자가 노래를 부르면 그 노래는 완벽한 이미자다움을 이루게 된다. 다시 말해서 이미자는 자기 노래의 창출과 상관되는, 목적과 수단을 일치시키는 능력을 가진 사람이다. 이러한 의미에서 이미자는 노래를 잘 부르는 사람이라고 판정받을 수 있다. 물론 이미자만이 아니다. 대중가수들은 대개 예외없이 자기다움을 가지고 있고 그 자기다움을 창출해내는 수단을 잘 구사하고 있다. 심수봉이 그렇고 '서태지와 아이들'이 그렇다. 그들이 부르는 노래의 음악내적 가치가 좋다라고 말하면 반박해올 사람이 있을지 모르나, 그들다움을 가장 그들답게 노래부르는 일을 잘 처리해낸다라고 말한다면 아무도 반박하지 않을 것이다.

  그렇다면 순수음악을 연주하는 사람들의 연주는 왜 '잘 못한다'로 판정을 받아야 하는가. 우선 무엇 무엇다움이라는 표현 목적의 설정에 있어서 궁하다. 베토벤을 연주할 때 세계적 대가의 경우, 가령 슈나벨은 슈나벨답게 연주했었고, 기제킹은 기제킹답게 연주했다. 카라얀이나 번스타인은 카라얀다움과 번스타인다움을 가지고 있었다. 그리고 그 무엇 무엇다움을 창출해내는 일에 필요한 수단을 완벽하게 갖추고 있었다. 그런데 우리나라에서 베풀어지는 국내인 연주가의 상당수는 자기다움이라는 것을 가지고 있지 않다. 설사 가지고 있다고 하더라도 그 자기다움을 창출해내는 수단의 동원 문제에서 완벽성을 얻지 못하고 있다. 말하자면 목적과 수단의 일치를 이루지 못하는 연주를 한다는 뜻이다. 이러한 의미에서 그들은 잘 못한다로 평가받을 수밖에 없다.

  아는 곡을 잘 연주하면, 사람들은 그것을 즐기려고 모인다. 모르는 곡을 그리고 잘못 연주하면, 비록 사교적 차원에서 체면치레로 공연장에 올지는 몰라도 즐기기 위해서는 오지 않는다. 다시 말하는 것이지만 대중음악의 경우는 아는 곡을 잘하니 사람들이 모일 수밖에 없고, 순수음악의 경우는 모르는 곡을 잘하지도 못하니 사람들이 모이지 않을 수밖에 없다.

  이 대목에서 연주가의 각오에 대한 생각을 해야 한다. 반드시 대중들이 아는 곡을 연주해야 한다고 생각할 필요는 없다. 그러나 반드시 잘해야 한다라고는 생각해야 한다. 자기다움을 기필코 찾아야 한다고 생각해야 한다. 자기의 모든 것을 걸고 그렇게 생각해야 한다. 다시 말하지만 자기다움의 설정, 즉 표현 목적의 설정이 이루어지지 않으면 자기의 예술을 할 이유가 시작부터 없다라는 생각을 치열하게 해야 한다. 그리고 그것을 위한 수단 강구에 완벽을 기하지 못했을 때에는 스스로를 추호도 용납하지 말아야 한다. 그렇게 하는 것이 곧 양심적인 연주가로서의 길을 걷는 것이 된다. 반쪽 몸이 아니라, 온몸을 던져야 한다. 온몸을 던져서 목적과 수단의 일치 현상을 추구해야 한다. 전문으로 연주를 하는 것과 취미로 연주를 하는 것은 다르다. 취미로는 누구나 할 수 있지만, 전문으로는 누구나 할 수 없다. 세계적인 연주가가 되려는 경우는 더욱 그렇다. 자기 스스로에게 한치의 양보도 없는, 끊임없이 그리고 가혹한 자기 비판을 아끼지 않는, 연주의 질에 있어서 자기와 절대로 적당히 타협하지 않는 사람만이 양심적인 연주가로서의 길을 걷는 것이 아닐까 생각한다.

양심적인 교육가

　음악교육에서 무엇이 가장 옳은가를 항상 묻는 사람과 그 물음에 대한 답이 나오면 답대로 실천하는 사람이 양심적인 음악교육가가 아닌가 싶다. 서울대 음대 교수 시절이었다. 서울대 전체 학생들의 교양교육 문제를 놓고 진지한 논의를 한 적이 있었다.
　서울대생은 서울대생으로서 모두 같은 학생이다. 아니다, 같은 학생일 수 없다, 서울대생이라고 하지만 가령 법대생과 음대생은 서로 다르다, 그러므로 각 대학에 소속해 있는 학생들은 서로 다른 학생이다, 배우는 것도 다르고, 앞으로의 직업도 다르다. 후자의 시각으로 보면, 서울대생은 모두 같은 학생이라기보다 다른 학생이다라고 말할 수 있다. 지금 왜 이러한 말을 하고 있는가. 같음으로서의 서울대생과 다름으로서의 서울대생이라는 말을 하기 위해서이다.
　교육의 경우도 '같음으로서의 교육'과 '다름으로서의 교육'이라는 개념을 설정할 수 있다. 교양교육은 같음으로서의 교육에 해당된다. 직업과 개성이 아무리 다르더라도, 사람은 사람다워야 한다는 점에서 모두 같아야 한다는 주장이 가능하다. 불쌍한 사람을 보면 돕고 싶은 심성을 모두 같이 가져야 하고, 아름다움을 보면 그것을 아름답게 느낄 수 있는 감성을 인간이면 모두 같이 가져야 한다는 주장이 가능하다. 같이 가지려면 옳은 의미의 교양교육을 받아야 한다. 즉 같음의 교육을 받아야 한다.

음악가가 되기 위해서 음악을 배우는 것과 인간이 인간다워지기 위해서, 말하자면 교양을 지니기 위해서 음악을 배우는 것은 그 뜻이 다르다. 음악교육 관련 과목이 같음의 교육이 아니라 다름의 교육 개념과 상관되는 과목이 되면 그 성격이 달라진다. 아무리 사람이라고 해도, 사람 모두가 같을 수 없다. 키도 다르고, 얼굴도 다르고, 개성도 다르다. 어차피 다를 수밖에 없다. 어차피 다를 수밖에 없으면, 가장 자기답게 달라야 한다. 그렇게 되게 하는 교육을 다름의 교육이라고 한다. 다시 말해서, 아무리 같음의 교육이 중요하다고 하더라도, 음대가 있고, 법대가 있는 한, 음대생과 법대생은 같음의 교육만을 받을 수 없다. 오히려 다름의 교육이 더 중요하다.

대부분의 우리나라 음악인들은 음악원 같은 것이 생겨야 한다는 주장을 한다. 그리고 음악에 종사하는 대부분의 사람들은 한국의 음악교육 현실에 대해서 불평을 하고 있다. 이 불평은 교육의 시작에서부터 다름의 교육을 하지 않는다는 것과 관련되어 있다. 입시제도부터 졸업제도까지 모두가 다름의 교육에 합당한 것이어야 한다는 주장이다. 같음의 교육보다 다름의 교육을 중요시하는 사람은 결국 교양교육을 2차적 문제로 삼았다. 대부분의 경우 교양교육은 이름뿐이지, 교육 내용은 피교육자에게 필요없는 경우가 많다는 주장이었다.

이러한 생각이 누적되어서 한국예술종합학교는 탄생되었다. 그리고 다름의 교육을 중요시했고, 그것을 중요시한다는 것은 영재교육 이념을 중요시하는 결과를 낳았다. 그러므로 영재교육 이념은 다름의 교육 이념과 상관된다. 개인적 의견으로는 궁극에 가서는 다름 역시 같음으로 이어지는 교육이 되어야 한다는 생각이지만, 선후를 따졌을 때 영재교육의 경우는 다름의 교육 이념이 앞서야 한다는 생각이다.

다름의 교육에서는 예술을 있게 하는 기존 조건과 관련되는 교육이 무엇보다 중요하다. 기존 조건은 재료다. 음악을 있게 하는 기존 재료와 연극을 있게 하는 기존 재료가 다르고, 영화의 재료, 무용의 재료, 미술의 재료가 서로 다르다. 음악의 경우도 조성음악의 재료와 무조음악의 재료가 다르다. 국악의 재료와 양악의 재료가 다르다. 이러한 재료의 생리를 다룰 수 있는 능력이 없으면 자기 분야에서 예술행위를 할 수 없다. 다시 말해서 재료의 생리를 모르면, 그 재료에 의해서 만들어진 예술품을 다룰 수 있는 능력을 얻을 수 없다.

여기서 능력이라는 말을 사용했는데 이 능력에는 모국어적 능력과 외국어적 능력이 있고, 모국어적 능력만이 예술 관련 능력이다. 모국어적 능력은 조기교육에 의해서만 가능하고, 그래서 영재

교육은 조기교육과 밀접한 관계를 가지는 것이다.

재료 교육 못지않게 중요한 것이 있다. 그것은 재료 그 자체는 예술이 아니다라는 인식에서 출발한다. 다시 말해서 재료가 얽혀서 하나의 작품을 이룰 때 예술은 존재한다. 여기서 핵심적 문제는 '얽힘'이라는 단어와 상관된다. 즉 얽히는 원리에 대한 이해 능력이 예술행위의 원동력이 되는 것이다. 작곡가만이 얽는 것이 아니다. 연주가도 얽는다. 음악가만이 얽는 것이 아니다. 모든 예술가는 자기네들의 재료로 무엇을 얽고 있다.

얽힘의 원리에는 보편성이 있다. 보편성은 다름의 개념이라기보다 같음의 개념이다. 이 말은 다름 안에서 또다른 차원의 다름만이 있는 것이 아니라 같음도 있다는 뜻이다. 직업교육 차원에서의 음악교육은 다름의 교육이 되지만, 재료 교육은 그 안에서 또다름이 되고, 얽힘의 원리 교육은 그 안에서 같음의 개념이 된다는 뜻이다. 재료의 생리에 대한 이해 못지않게, 얽힘의 원리에 대한 이해가 중요하다는 말은 아무리 강조해도 무리가 아니다.

좋게 얽힌 결과물에는 예외없이, 초점 기대감 정지 움직임 발단 전개 귀결 구두점 휴식 갈등 등의 개념이 작동되고 있다. 그러니까 얽힘의 원리에 대한 교육은 그것을 통해서 어떤 재료를 어떤 식으로 사용하면 구두점 역할이 되고, 어떤 재료를 어떤 식으로 사용하면 초점 역할이 된다는 식으로 얽힘과 관련되는 원리를 배운다는 뜻이다.

예술교육은 그러니까 그 안에서 또다른 차원으로 존재하는 다름의 교육과 같음의 교육이 동시에 진행될 때 올바르게 된다. 이 사실을 인정하고 실천하는 예술교육가가 우리가 바라는 양심적인 교육가가 아닐 수 없다.

양심적인 비평가

음악비평가는 과학자인가 예술가인가. 과학자는 분석작업을 한다. 분석을 하기 위해서 연구대상을 선정한다. 선정된 대상은 하나의 전체가 된다. 과학자는 이 전체를 분석한다. 전체를 분석하여 그 요인을 격리시킨다. 격리시키면 구조적 요인과 장식적 요인이 분리된다. 장식적 요인을 제거하면 대상의 심층구조가 남는다. 과학자는 대상의 심층구조를 발견함으로써 일반 법칙적 차원에서 대상의 속성을 설명한다.

예술가는 종합 작업을 한다. 종합을 하기 위해서 종합 대상을 잉태한다. 잉태된 대상은 하나의 전체가 된다. 예술가는 종합작업을 통해서 이 전체를 창조한다. 부분들간에 조화로운 관계성이 부여되고 있는 하나의 전체를 낳도록 종합한다.

과학자는 단순화를 위해서, 예술가는 복잡화를 위해서 자기의 작업을 수행한다. 과학자는 전체를 분해함으로써 미지의 세계에 대한 예언을 추구하고, 예술가는 부분들이 개별적 의미를 지니게 끔 종합함으로써 부분의 총합 이상의 의미를 낳는 예술품을 추구한다.

과학자는 분석을 통해서 일반화를 추구하고 예술가는 종합을 통해서 개별화를 추구한다. 과학자가 발견한 법칙의 경우는, 그것을 잊어버리면 다른 과학자에 의해서 재발견될 수 있다. 그러나 예술가가 창조한 예술품의 경우는 그것을 잊어버리면 재창조는 불가능하다. 만유인력의 법칙은 뉴튼 아닌 다른 과학자가 발견할 수도 있으나 베토벤의 운명교향곡은 베토벤 자신에 의해서도 재창조될 수가 없는 것과 같다. 글렌 헤이든(Glen Haydon)이 이상과 같은 주장을 한 것은 유명한 사실이다.

그렇다면 비평가는 과학자인가 예술가인가. 분석도 하고 종합도 한다는 의미에서 비평가는 과학자이면서 동시에 예술가다. 비평가의 분석·종합작업은 자신의 미적 경험 안에서 이루어진다. 경험은 미적 대상의 있음과 대상을 경험하는 경험자의 있음, 이 두 있음에 의해서 가능하다. 이 말의 의미를 풀기 위해서 미적 경험과 미적 대상의 속성에 대한 글렌 헤이든의 이론을 소개한다.

헤이든에 의하면 미적 경험은 대상과 인간과의 관계 안에서 이루어진다. 여기서 대상은 객체이고 인간은 주체이다. 그러니까 미적 경험은 주객체(主客體)의 관계 안에서 이루어진다는 말인데, 이 말은 객관적 요인과 주관적 요인의 상호작용이 개입된다는 뜻이다. 음악에서 객관적 요인이라는 것은 경험자와는 상관없이 독립적으로, 이 세상 저기에 존재하는 음구조물(音構造物)을 뜻한다. 주관적 요인이라는 것은 경험 당사자인 개인, 이 개인이 가지는 교육적 문화적 역사적 배경과 상관되는 인격체를 뜻한다.

미적 경험은 개념적 인지현상과 감각적 감지현상의 중간 지점에서 일어난다. 인간이 가지고 있는 따지는 능력보다 느끼는 능력에 의해서 미적 경험은 이루어진다. 미적 경험은 논리적으로 따져서 되기보다 '그냥 그렇게 느껴짐'으로써 생기게 되는 일과 상관된다. 그러니까 미적 경험에서는 즉각적 직관적 의식이 중요하다.

미적 경험은 일반적으로 시작 발전 종결 현상을 수반한다. 존 듀이는 인간 경험을 일반경험과 특수경험으로 구별했다. 아침에 일어나서 세수하고 밥먹고 출근하는 식의 경험은 일반경험이라고 한다. 일상생활에서 계속적으로 일어나는, 어떤 때는 무의미하기조차 한 연속적 경험을 뜻한다고 했다. 특수경험은 일반경험의 성격과 다르다. 미적 경험은 특수경험의 하나라고 했고, 특수경험은 반드시 시작 발전 종결이 있다고 했다. 영화관에서 영화를 감상할 때 시작 발전 종결이 있고, 음악회장에서 음악을 감상할 때 시작과 끝이 있는 것과 같다고 했다. 그러니까 음악적 경험은 일반경험이라기보다 특수경험이라는 것이다.

미적 경험은 어떤 가치의 경험이라고 한다. 도덕적 종교적 정치적 경제적 가치와는 다른, 말 그대로 미적 가치의 경험이라고 한다. 물론 경험의 내용이 대상의 속성과 닮아야 한다. 미적 대상의 속성과 상관이 없는, 아무렇게나 자기 식으로 경험하는 것이 미적 경험일 수는 없다.

그리고 미적 경험은 어떤 목적의 수단적 성격을 띠는 것이 아니고, 무목적적 성격을 띤다고 했다. 미적 경험과 상관되는 가치는 무목적적 가치일 뿐만 아니라, 느낌 관련 가치이지 사유 관련 가치는 아니라고 한다.

미적 경험의 속성이 이상에서 언급된 것과 같다면 미적 대상의 속성은 어떤가. 글렌 헤이든에 의하면 미적 대상의 정의는 소리의 정의와 같게 된다. 소리의 정의에는 객관적 정의와 주관적 정의가 있다. 동물의 감각적 경험과는 상관없이 소리일 수 있는 조건을 구비하고만 있으면 그것이 소리다라고 하는 것이 객관적 정의다. 소리일 수 있는 조건을 구비하고 있다고 해도, 인간 감각이 경험할 수 없는 소리는 소리가 아니다라고 하는 것이 주관적 정의이다. 미적 대상에도 주관적 객관적 정의가 있을 수 있다는 것이 헤이든의 주장이다.

교향곡이 있다고 하자. 이 교향곡은 미적 대상임에 틀림이 없다. 그러나 갑에겐 그것으로부터 의미 발생이 되고, 을에겐 의미 발생이 되지 않는다. 이런 경우 의미 발생이 되는 대상만이 미적 대상이지, 발생이 되지 않는 대상은 미적 대상이라고 말할 수 없다는 입장이 있다. 그래서 미적 대상은 객관적 정의로는 성립이 되지 않는다는 주장이 생긴다.

아무튼 비평가는 미적 경험을 한다. 비평가는 자기의 미적 경험에 등급을 매긴다. 우수 작품에서 경험된 내용과 졸작에서 경험된 내용 사이에 등급의 차등이 있다고 한다. 비평가는 이 차등과 상관되는 '언급의 내용'을 가진다. 이 언급의 내용이 문자화되는데, 이 문자화된 것이 비평 문이고, 비평가는 문자화 작업을 하는 사람이다. 비평가는 문자화 과정에서 과학적 방법과 예술적 방법을 혼용한다. 서로 상반되는 개념이라기보다 상호보완적 개념으로 취급하면서 말이다.

  문제는 과학자도 예술가도 아닌 사람이 비평가일 수는 없다는 것이고, 미적 경험의 속성과 미적 대상의 속성을 모르는 사람이 비평가일 수 없다는 말이다. 양심적인 비평가는 이 대목에서 한국 악단에서 비평의 참몫을 위해서 궐기해야 한다.